高职院校治理能力提升研究

李盖虎　彭迎霞　著

西北工业大学出版社

西　安

【内容简介】 本书内容包括：高职院校治理能力概述、高职院校治理结构的优化与建设、高职院校治理章程建设、高职院校治理制度现代化、高职院校治理方法的现代化和高职院校治理能力提升的标准和路径等6章内容。

本书可供从事相关职业的人员阅读、参考。

图书在版编目（CIP）数据

高职院校治理能力提升研究 / 李盖虎, 彭迎霞著 . —西安 : 西北工业大学出版社, 2021.5

ISBN 978-7-5612-7734-8

Ⅰ. ①高… Ⅱ. ①李… ②彭… Ⅲ. ①高等职业教育－学校管理－研究－中国 Ⅳ. ①G718.5

中国版本图书馆 CIP 数据核字(2021)第 102662 号

GAOZHI YUANXIAO ZHILI NENGLI TISHENG YANJIU

高职院校治理能力提升研究

责任编辑：付高明

责任校对：李　萌

出版发行：西北工业大学出版社

通信地址：西安市友谊西路 127 号　　邮编：710072

电　　话：（029）88493844　88491757

网　　址：www.nwpup.com

印 刷 者：三河市悦鑫印务有限公司

开　　本：710 mm×1 000 mm　　1/16

印　　张：13

字　　数：210 千字

版　　次：2022 年 1 月第 1 版　　2022 年 1 月第 1 次印刷

定　　价：79.00 元

前　言

提升高职院校治理能力已经成为高职教育发展的重要命题之一。《国家中长期教育改革和发展规划纲要(2010—2020年)》提出了“完善中国特色现代大学制度，完善大学治理结构，深化校内管理体制改革”的制度改革创新目标。《现代职业教育体系建设规划(2014—2020年)》更直接而具体地提出要“提高职业院校治理能力”。高职院校治理是影响高职院校办学质量与办学水平提升的核心因素，已引起教育管理部门、理论学者以及社会的广泛关注。

在中国特色现代大学制度的框架体系下，高职院校普遍开始致力于建立“党委领导、院长负责、专家治学、民主管理、社会参与”的治理体制和机制。在此基础上，加快推进高职院校内部治理的结构与能力建设，促使其达成治理体系及治理能力现代化的目标，已成为高职院校发展改革的首要任务。鉴于此，我们通过深入研究和思考，完成了这部《高职院校治理研究》。我们衷心地希望本书能给我国各级职业教育主管部门、高职院校、职业教育研究机构的管理者和研究者以及关心高职院校治理的广大教师和社会各界人士以帮助和启迪，对深化职业教育教学改革、全面提高人才培养质量、推进我国高职院校治理现代化、落实国家教育事业发展“十三五”规划、加强现代职业教育体系建设、适应“中国制造2025”的需求、为我国的经济社会发展培养更多的优秀高职人才发挥积极作用。

在撰写本书的过程中，我们参阅了大量相关文献，在此对原作者深表谢忱。本书的出版也得到了出版单位的大力支持，亦致以深深的谢意。

由于时间、条件、水平等的限制，书中的不足之处，恳请读者批评指正。

作　者

目　录

第一章　高职院校治理能力概述……1

第一节　高职院校治理能力的概念及功能……1
第二节　高职院校治理的理论依据……15

第二章　高职院校治理结构的优化与建设……57

第一节　我国高职院校管理结构的历史演变……57
第二节　组织理论与实践借鉴……62
第三节　高职院校治理结构的构建路径……79

第三章　高职院校治理章程建设……104

第一节　高职院校章程建设的全面认识……104
第二节　高职院校章程建设的对策……118

第四章　高职院校治理制度现代化……133

第一节　全面质量管理制度体系建设……133
第二节　高职院校治理制度体系构建路径……137

第五章　高职院校治理方法的现代化……154

第一节　高职院校治理方法的理论借鉴……154
第二节　高职院校治理方法路径选择……166

第六章　高职院校治理能力提升的标准和路径……183

第一节　高职院校治理能力提升的标准……183
第二节　高职院校治理能力提升的路径……191

参考文献……199

第一章　高职院校治理能力概述

第一节　高职院校治理能力的概念及功能

一、治理的含义和特点

“治理”是20世纪90年代以来国际政治学领域逐渐流行的一个概念。治理，作为政府行政管理的工具，是政府行为的一种方式，是通过某些途径用以调节政府行为的机制。近年来，与之相呼应的还有更侧重于公共产品供给和分配方面的“公共治理”及就全球性议题进行协作的“全球治理”。相对于之前意识形态和强制色彩更浓的“统治”和“管治”而言，“治理”更为中性，也更凸显绩效观念。

治理的英文是“govern”，翻译成“国家层面的管理、统治”或“规则、原则等的控制、支配、决定”。汉语中治理的内涵包括四个方面：一是管理、统治或得到管理、统治；二是理政的成绩；三是治理政务的道理；四是处理、整修。在政治学领域，通常指国家治理，即政府如何运用国家权力（治权）来管理国家和人民。在商业领域，主要指公司治理，即公司等组织中的管理方式和制度等。

“治理”一词最早见于我国春秋战国时期荀子的《君道》一文中，文中写道“明分职，序事业，材技官能，莫不治理，则公道达而私门塞矣”。其意为分清职责，理清事务的关系，让有才能的人去做技术活，有本事的人去做官，这些都需要治理，如果按照治理的方法这样去做了，财富分配就能公道，社会秩序就能通达，公平正义就能得到彰显，与此同时，私事就会得到阻止。

治理理论的主要创始人之一罗西瑙（J. N. Rosenau）认为，治理是一系列活动领域中未得到正式授权却能发挥有效作用的管理机制。联合国全球治理委员会认为，“治理”是公共或私人领域内机构或个人管理共同事物的方法总和，用以调和相互之间的不同利益或冲突，保持联合行动的可持续性。这里包括两层含义：

一是所有人都必须服从正式的制度或规则；二是人们同意或博弈得出的符合其利益诉求的非正式制度或规则。英国学者格里·斯托克（Gerry Stoker）对治理的各种概念进行了梳理，认为“治理”的概念主要围绕五个方面：一是治理的定义来自政府、社会公共机构或行为者的一系列复杂体系；二是治理在寻求解决社会和经济问题过程中的边界和责任较为模糊；三是肯定了社会公共机构在涉及集体行为时存在权力依赖；四是参与治理的各方将形成一个自主的网络体系；五是在公共管理中，政府的权力、权威或命令不是唯一途径，政府有责任使用其他管理技术和方法来控制和引导公共事务。“治理”由治理主体、治理内容、治理结构以及治理机制等构成，是以大学章程、法律和法规为核心组成的一整套制度体系，通过制度约束对利益相关主体进行重塑，实现科学决策与民主管理，使利益相关主体得以调和，并且采取联合行动的持续过程。

“治理”的核心是“权力流散”，就是要打破某一个权力主体对权力的垄断，将权力分解给不同的主体，强调权力机构的多元化。就高职院校内部治理来说，也就是管理方式、制度和机制等的总称。整合内外部资源、管理流程走向科学化的过程，同时也是学校治理理念不断延伸、优化的过程。就外部治理来说，要挑战“政府是学校管理的唯一合法权威”的观点，转变政府在职业教育发展中的职能和角色，建立一种权力合作协商的关系，实现职业教育管理、办学、评价监督相分离的治理，形成多元化投入、多元化管理、多元化监督等社会主体广泛参与的共同治理局面，以及以政府宏观调控、高职院校自主办学、行业和企业等社会力量广泛参与的格局。①

公共管理领域的治理是管理的一种方式，是对管理的衍生，但治理与管理的含义是有明显区别的。两者目的不同，管理主要强调保证实现既定的管理目标，而治理的目的是多元利益主体之间的均衡；两者职能不同，管理主要关注决策落实的计划、组织、指挥、控制和协调，而治理主要注重监督、明确责任体系和决策指导；两者的依据与基础不同，管理依靠内部各单位的行政级别，而治理主要依据法律与法规；两者的作用与地位不同，管理主要是规定具体方向与路径，而

① 颜彩飞．高职院校从管理到治理的转变[J]．当代教育实践与教学研究，2016（3）：88-89．

治理的作用在于规范权利和责任。[①]治理包含管理的内容，其内涵要比管理丰富得多。“管理”强调的是一元的、单项的行为方式和具体执行，倾向于纵向的科层制结构；而“治理”强调的是“利益相关方”的权利关系，其意义体现是双向的、相互的，而非单项的，表现为具体行为方式上的宏观性，倾向于多主体间横向上的扁平化。[②]治理活动涉及的范围更加宽泛，不仅包含自上而下的统治、管理，更强调方方面面的“共治”以及各参与主体责任的共担等内容。

虽然治理与管理存在较大区别，但是两者并不是截然对立的。治理是管理的高级阶段，是管理达到内在和谐的最佳状态和目标追求。在管理的低级阶段，管理行为追求的是一些外在的可见目标的实现。只有当管理进入高级阶段，在理念上依靠自我管理而不需要外部强制，通过文化管理，注重内在和谐，既追求可见目标，更追求隐含目标，重视各主体创新性的发挥，才能达到治理的境界。[③]

“治理”作为当代公共管理的一种新范式，它的价值诉求在于通过多元主体之间的通力合作、协同创新，以实现共赢与追求善治。“善治就是使公共利益最大化的公共管理过程，其本质特征在于它是政府和公民对公共生活的合作管理，是政治国家与市民社会的一种新颖关系，是两者的最佳状态。”[④]

开放性、平等性和多元性是治理的基本特点。[⑤]

（1）开放性

作为一种先进的管理工具，治理具有天然的外部开放性。基于治理主体的自信与理想，它以开阔的胸怀吸纳主体之外的利益相关组织和个人加入管理体系之中，寻求共同发展的协调路径，从而谋求和实现多利多赢。构成治理体系的利益相关方打破了原有封闭阻塞的坚固格局，在开放交融的社会生态体系中不断地进

① 徐桂庭．关于职业学校治理体系与治理能力建设的若干思考[J]．中国职业技术教育，2014（21）：166-170．

② 胡宏亮．治理理论视域下高职院校政行企校合作共治研究[J]．南方职业教育学刊，2015（11）：30-33．

③ 欧阳恩剑，刘波．从管理到治理：我国高职院校权力运行模式的轨迹变迁[J]．职教通讯，2015（22）：6-10，14．

④ 俞可平．治理与善治引论[J]．马克思主义与现实，1999（5）：37．

⑤ 胡宏亮．治理理论视域下高职院校政行企校合作共治研究[J]．南方职业教育学刊，2015（11）：30-33，49．

行着信息、资金、设备、设施、服务、价值等方面的互动和交流，在此基础上，逐渐构建起开放式的利益共同体。

（2）平等性

治理主体间基于契约原则，必然需要厘清各方的权利和义务关系，它们是平等互利的共同体，既互相合作，也互相制约。参与治理的相关各方是基于一定秩序和规则之下的平等主体，它们肩负着不同的职责，并且享有治理体系中的权利，它们并非控制（管理）与被控制（管理）的关系，而是平等、合作、共治、制约的关系。

（3）多元性

治理体系是多向度、多角度的有关各方的利益共同体。基于共同的利益追求和发展理想，各个治理主体在合作过程中欢迎社会各方投入尽可能多的关注和支持，并以各自不同的方式和利益诉求参与共同事业的治理。从此角度而言，治理体系强调相关各方的多元性，并尊重利益相关方的法定权力和利益诉求。

二、高职院校治理的特性

对普通高校而言，在“实现共赢与追求善治”的过程中，同样需要不断提高治理能力与治理体系的现代化水平。普通高校治理通常又分为外部治理和内部治理：外部治理主要指如何处理好高职院校和政府及职能部门、市场、社会之间的关系；内部治理主要指如何分配与实现学校内部党委、行政、学术、服务、管理、监督等方面的决策权与收益权。因此，普通高校内部治理变革主要是充分尊重各利益相关者的利益表达与利益诉求，在追求“正和博弈”的过程中，实现各利益相关者利益表达与利益诉求的“最大公约数”，实现彼此职、权、责、利的有机统一与良性互动。作为普通高校重要组成部分的高职院校，其内部治理主要指高职院校紧紧围绕各利益相关者的职、权、责、利，通过相关机制构建、制度安排、政策支持，保障有章可循、有效管理、有序工作，不断实现高职院校内部利益协调与利益整合，从而推进新时期高职院校的改革创新与和谐发展。事实上，新时期高职院校要实现内部治理变革，必须强化利益整合、推崇协同创新、注重共同治理，从而建立健全适应自身治理规律的权力运行与权利保障机制，以科学而规范的服务与管理不断提升人才培养的质量与服务社会的能力。

在现代职业教育体系中，高职教育作为一种融“高等性”和“职业性”于一体的跨界教育，其办学定位和办学功能决定了高职院校内部治理的独特性，主要体现在以下六个方面：

（一）共同的治理

高职教育跨越职业与教育、企业与学校、工作与学习的界域，要规范并保障这种“跨界”教育，必须遵循职业和教育的双重规律，构建内部治理的基本形态。根据高职教育技术技能人才的培养定位，高职院校不仅要有同时承载现代大学的学术性和现代职业的技术性的制度设计理念，而且要有能够实现行业企业要素对教育要素有效融入的治理手段和治理结构。高职院校的多元办学主体是落实高职教育跨界特征的必然要求，我国在职业教育的法律、规划和各类政策文件中均明确了要建立“政府主导、行业指导、学校主体、企业参与”的职教运行机制，这就决定了高职院校具有利益相关者组织的典型性，既有政府、行业、企业、学校的外部相关者维度，也有学校、教师、学生、家长的内部相关者维度。满足和实现不同的利益相关者对自身价值、利益和目标的主张，需要建立共同治理的体制机制，包括各方参与人才培养的价值体系、组织体系、制度体系和行动体系。共同治理为落实各方参与的决策权、执行权与监督权提供组织、制度和机制保障，进而通过统筹协调、沟通合作、多元互动和权利平衡，发挥每一个利益相关者的作用。当前我国加快推进和完善现代职业教育制度体系，对健全企业参与制度提出了新的要求，高职院校唯有在以企业参与为核心的共同治理的基础上建立起相应的组织架构、议事规则、行为约束和运行制度，才能真正激发出多主体办学的活力。需要指出的是，办学自主权与共同治理密切相关，高职院校需要在共同治理的框架基础上依法行使办学自主权，建立科学的标准和规范的制度，做到有章可循、有据可依和有效自律。①

①胡正明．高职院校内部治理的独特性及其实现路径[J]．中国高教研究，2015（5）：91-94．

高职院校治理往往需要政策法规以及相关协议的完善来保障，借助市场机制来解决相对独立主体遭遇的利益方面的冲突，通过相对独立主体间的协商合作来实现高职院校治理 1+1＞2 的效果，激发高职院校、政府组织、行业、企业、科研机构、普通本科高校、学生、家长、境外资源等行为主体参与高职院校治理。

高职院校治理并不是单机制的治理，它应该是多机制的治理。与此相对应的是，我国高职院校治理模式也是多元的，毕竟在经济全球化、信息化的今天，不同时期的中国社会经济以及不同区域中，参与高职院校治理的相对独立主体有所差异，相应的利益需求各式各样，影响高职院校治理的因素也多种多样，在不同时期的中国社会经济以及不同区域中，高职院校的治理模式自然也各具特色。鉴于理想很丰满但现实很骨感的事实，尽管高职院校治理改革方案在理论上无懈可击，但从目前高职院校治理的现状来看，结果并不尽如人意，毕竟所谓完美无缺的高职院校治理理论与千变万化的高职院校治理实践并不能画等号。因此，在高职院校治理进程中，应以需求为导向，并从我国社会经济的发展与区域经济的客观需求出发，制定出特色鲜明而又实在管用的高职院校治理模式。针对我国不同时期社会经济的发展需求以及我国不同区域社会经济发展水平的差异性，不同高职院校治理的侧重点也是迥异的，即便是同一所高职院校在不同的发展时期，其治理的侧重点也应该是与时俱进的。也就是说，根据高职院校对软治理与硬治理使用程度的差异性，可将高职院校治理分为高职院校硬治理模式、高职院校软治理模式以及高职院校混合治理模式等；根据高职院校发展政策支持度的差异性，可将高职院校治理分为国家（骨干）示范高职院校治理模式、省级示范高职院校治理模式、非示范高职院校治理模式以及民办高职院校治理模式等；根据高职院校所在区域社会经济需求的差异性，可将高职院校治理分为发达地区高职院校治理模式、欠发达地区高职院校治理模式、跨区域高职院校治理模式以及跨境高职院校治理模式等。由此可以得出以下结论：不存在万能的高职院校模式。高职院校采取何种治理模式应根据国家社会经济发展的要求以及区域社会经济现状来决定，从而不断提高高职院校治理模式与社会经济发展需求的契合度。[①]

[①] 孙云志．高职院校治理的界说[J]．职教论坛，2016（22）：52-56．

（二）开放的治理

产教融合、校企合作是现代职业教育发展的基本要求，也是实现高职教育人才培养目标的根本途径。高职院校的人才培养过程呈现出高度的开放性，表现为专业、课程、师资、基地等教学要素以及教学组织、运行、评价等教学过程的开放性，由此构成了高职院校以教学治理为核心的内部治理行为的开放性特征。这种开放性主要体现在四个方面：一是专业设置，高职教育与区域经济的需求对接以专业为纽带，适应产业结构调整，引领、伴随或紧跟产业人才需求，在专业设置和调整上需要具备高度的开放性；二是教学资源，高职教育的教学资源是一个动态适应经济发展、产业升级和技术进步的开放式系统，高职院校在资源整合、开发和利用上需要建立校企协同的开放性机制，实现教学资源的产教融合；三是教学过程，高职教育按照真实环境、真学真做、掌握真本领的要求开展教学活动，需要积极推行开放性的教学方式，实行开放性的教学管理，将生产性要素融入课程教学，从而实现教学过程与生产过程的对接；四是师资队伍，高职院校一方面应努力提升专任教师的职业教育教学能力，另一方面从行业企业广泛聘请兼职教师，这种“双师结构”的教学团队要求建立具有高度开放性和融合性、校企互动交流、共同管理的基层教学治理组织。[①]

（三）包容的治理

俗话说得好，好的价值、理念是行动成功的保障。高职院校治理效能的取得与否，则取决于高职院校治理价值、理念能否做到科学合理。此外，高职院校治理价值、理念还承担着衡量高职院校治理评价标准的职能。由此可以看出，高职院校的治理价值、理念在高职院校治理进程中扮演着举足轻重的角色。孙云志认为，从具体实践来看，高职院校治理所追求的价值、理念应该是包容开放的，其中应该涵盖相互尊重、信任合作、共赢共生等关键词。[②]

1．相互尊重

高职院校利益相关方的相互尊重是高职院校治理的基点。高职院校治理是众

---

① 胡正明．高职院校内部治理的独特性及其实现路径[J]．中国高教研究，2015（5）：91-94.

② 孙云志．高职院校治理的界说[J]．职教论坛，2016（22）：52-56.

多利益相关方为共同解决高职院校治理问题的群体性活动。为避免高职院校治理中的利益相关方发生厚此薄彼的现象，导致高职院校治理中各利益相关方间产生合作“缝隙”，进而使高职院校治理绩效大打折扣，高职院校治理的良性运作应以利益相关、相互尊重为其基点，即高职院校、政府组织、行业、企业、科研机构、普通本科高校、学生、家长、境外资源等行为主体间应相互尊重。政府组织与高职院校各利益相关方向相互尊重，意味着高职院校各利益相关方对政府组织相关法规的尊重与服从，不可以一已私利来践踏之，这样才能保证高职院校的健康与可持续发展。与此同时，政府组织也应尊重高职院校的办学自主权，从宏观上指导高职院校按照高职院校章程进行办学，并通过完善相关法律法规来为高职院校治理营造良好的外围发展环境。高职院校本身与其他利益相关方之间相互尊重，意味着高职院校应不断提升自身的办学水平与能力，摆脱“讨要者”的角色，给区域经济发展提供高素质技术技能型人才，给行业企业提供技术服务，以及联合技术研发，给学生家长提供物有所值的教育服务，给学生提供健康与可持续的发展环境。行业企业与其他利益相关方相互尊重意味着行业企业与其他利益相关方承担了高职院校治理中应尽的角色，并在高职院校治理进程中对各自行为予以相互尊重，实现行业企业与其他利益相关方的完美协作。当然，行业企业也应遵守相关的法律、法规，其他利益相关方也应自觉遵守行业企业对其的监督制约，从而做到到位而不越位。

2．相互信任

高职院校利益相关方的相互信任是高职院校治理的平台。高职院校利益相关方只有在相互信任的环境中才能够各自敞开心扉表述其真实想法，高职院校利益相关方之间的默契度才能够逐渐累增。因此，高职院校利益相关方之间的相互信任度决定了其融合度，进而决定了其合作的模式与合作的进度。高职院校、政府组织、行业、企业、科研机构、普通本科高校、学生、学生家长、境外资源等行为主体间都要相互信任。政府组织与其他利益相关方之间相互信任取决于政府组织的守信。政府组织的守信程度决定了其他利益相关方对其信任度的高低，进而影响到政府组织在高职院校治理中的合法性。如果政府组织能够发挥其应有的职责功能，其在高职院校治理进程中的角色定位将得以加强；如果政府组织在高职院校治理中出现缺位，其在高职院校治理进程中的角色定位将大打折扣，并使高职院校治理游离于政府组织监控之外。其他利益相关方的相互信任也同样如此，毕竟高职院校治理是种利益博弈，只有建立在相互信任基础上的利益博弈才能够避免博弈惨局，并实现参与利益博弈方间的共赢。在实践中，高职院校利益相关方都打着自己的小算盘，不能够从高职院校治理的整体利益出发，导致校企合作“同床异梦”、董事会或理事会名不副实的现象普遍存在。因此，高职院校治理目标的实现是高职院校利益相关方相互信任的产物。高职院校利益相关方的相互协调是高职院校治理的关键。高职院校治理是高职院校利益相关方的集体行动。若希望高职院校利益相关方形成合力推动高职院校健康与可持续发展，就需要高职院校利益相关方精诚合作了。可高职院校利益相关方精诚合作的逻辑缺失与发展困境是当下不容忽视的事实，是高职院校利益相关方各自精打细算非合作博弈的结果，毕竟在高职院校治理中，高职院校各利益相关方的利益诉求、行为方式以及区域需求是千差万别的。因此，高职院校利益相关方各自的理性行为在大部分情况下并不能够达到高职院校治理所需要的最佳效果，要想实现高职院校治理效果最优化，则需要高职院校利益相关方的通力合作，需要将高职院校各利益相关方的相互协调贯彻于高职院校治理的全过程，使通力合作成为高职院校治理必须遵循的理念。因此，缺少相互协调的高职院校治理是无序的，是缺少利益分享的。在此背景下，高职院校治理出现种种缺失理所当然，高职院校的健康与可持续发展也只能是海市蜃楼。

3．相互共赢

各利益相关方的互利共赢是高职院校治理的落脚点。高职院校治理并不是水到渠成的自然馈赠，而是在高职院校治理中各利益相关方集体努力的结果。在高职院校治理实践中，高职院校自身治理能力的缺失、高职院校与其他利益相关方诉求的差异性、政府组织法规环境的缺失以及其他利益相关方参与高职院校治理激情有待提高等事实的存在，造成高职院校治理中各利益相关方“貌合神离”，无益的内耗造成高职院校治理发展与社会经济发展的需求差距拉大。为了生存与发展，各利益相关方开始意识到共赢共生的重要性，并逐渐将此理念贯穿于高职院校治理过程中。高职院校治理的目的是“扔掉”高职院校各利益相关方的“小算盘”，通过整合高职院校、政府组织、行业、企业、科研机构、普通本科高校、学生、学生家长、境外资源等行为主体间的关系，促进高职院校各利益相关方形成命运共同体，以此实现高职院校治理共赢共生的宗旨。

（四）分类的治理

现代职业教育发展的一个基本内涵是秉持以人为本的理念，满足学生个性化、差异化的发展诉求。高职教育在现代职业教育体系中具有下接中职、上联本科以及服务终身教育的重要作用，适应人才培养的多样化趋势，围绕人才培养目标、标准、内容、方式和评价，实施层次结构和类别结构梯度合理的分类治理，已经逐步成为高职院校内部治理的一个重要特征。首先，生源的多样化要求高职院校实行分类治理。中职生、普高生以及退伍军人、农村社会青年等不同生源的学习基础差异较大，高职院校需要采取不同的招考制度、培养方案和培养方式。其次，学生的个性化发展要求高职院校实行分类治理。要真正拓展学生的成长空间，必须充分尊重学生的选择权，高职院校应建立多元化的培养制度，完善分层教学、分类培养的治理框架，实现差异培养与学生需求、社会需求多样性的吻合。再次，培养类型的多样化要求高职院校实行分类治理。针对全日制职业教育与非全日制职业教育、学历职业教育与非学历职业教育、中高职衔接教育、本专联合培养等不同学制类型和培养类型，要求高职院校在人才培养的规格层次、培养方式和质量标准等方面实施有序的分类治理。[①]

（五）制度性的治理

对于高职院校治理的内涵与特征，许多研究者虽有所涉及，但目前尚未有明确的理论界定。有些研究者提出，在高职院校治理中的各利益相关方存在着权责模糊地带，可高职院校治理应包括“有权迫使人们服从的正式机构和规章制度，以及种种非正式安排”[②]。于是在政府组织的事无巨细的“指导”以及“拉郎配”等怪现状下，高职院校治理能力与社会经济发展需求间的差距越来越大，塑造一

① 胡正明．高职院校内部治理的独特性及其实现路径[J]．中国高教研究，2015（5）：91-94.
② 贪可平．治理与善治[M]．北京：社会科学文献出版社，2000：270-271.

套以市场为导向的多中心、民主、法制、可考核评价的高职院校治理模式逐渐成为学者们讨论的焦点。还有研究者指出，为破除高职院校治理效率低下的问题，应采用激励型规制模式去调动高职院校治理中各利益相关方的创新激情。另外，还有一些研究者认为：高职院校治理是新公共管理与多中心治理理论在高职院校管理改革中相融相生的产物，于是得出高职院校治理应是各利益相关方意愿的产物的结论。可在高职院校治理实践中，高职院校治理不仅是各利益相关方意愿的产物，同时也是制度性治理的产物。高职院校治理作为制度性治理，它的中心任务是高职院校治理制度创新，特别是相关政策法规制度的创新。高职院校治理为何成为制度性治理，其原因有三。其一是高职院校治理是相关政策法规制度下的治理。高职院校治理可以发展成为新型高职院校治理模式，相关政策法规制度提供的良好外部发展环境是基础。其二是在合作过程中，仅仅凭借各利益相关方的自主性行为是远远不够的，它更需要制度安排来强制约束。其三是高职院校治理顺畅运作需要制度提供有序支持，尤其是在高职院校治理各利益相关方的职责方面，其职责行使需要相关制度作为依据。当今，在维权意识不断增强与以人为本的大背景下，传统的简单粗暴的解决方式已失去存在的土壤，构建合理高效的利益分配机制成为高职院校治理取得成功的关键。在高职院校治理的社会参与方面，没有制度作为保障的社会可能只是徒有其表，对提升高职院校治理水平的作用微乎其微。若不断提高高职院校的社会参与水平，运用制度性安排则成为必须使用的方式。在高职院校治理考核评价方面，由于目前各利益相关方参与高职院校治理的激情与水平有待提高，因此对高职院校治理考核的评价还处于低水平阶段，即只关注是否存在利益相关方参与高职院校治理，对其参与的实际功效则关注不多，于是高职院校治理中存在的名不副实的“花架子”就不难理解了。[①]

（六）政府引导的治理

高职院校治理是新公共管理和多中心治理理念在高职院校管理改革过程中由各利益相关方协作融合而成的。公共管理是以自利人为假设，以顾客导向为行政

① 孙主志．肓职院校治理的界说[J]．职教论坛，2016（22）：52-56．

风格，通过政府这个核心公共部门来对形形色色的社会力量进行整合，其强调管理主体多元与价值多元，提出多元主体面对社会经济问题以及互动过程中产生的问题能够“同舟共济”，最终达到多元主体共享相关的资源与条件。多中心治理“以合作治理为实践形态，整合政府组织、市民社会、公民个人多种行为主体，实现其各自独立又协调互动的信任与合作，从而能够灵活地应对公共服务的多元需求，成为服务型社会治理模式的理想治理结构”[①]。与公共管理不同的是，在多中心治理理念中，政府组织与市民社会、公民个人等行为主体都是平等社会治理行为的主体成员，实现了从统治到服务的角色转变，从而使政府组织在多元社会治理行为主体互动中获取合法性。公共管理与多中心治理融合而成的高职院校治理被认为是一种新型治理。在此类型治理中，不仅不存在政府组织的“一枝独秀”，而且政府组织与市民社会、公民个人等行为主体间的界限也处在模糊地带。世间不存在符合各国情况的高职院校治理模式。构建中国特色高职院校治理模式应基于当前中国特色社会主义经济建设与区域经济社会发展需求的现实。当前随着“中国制造 2025”“互联网+”以及“一带一路”倡议等国家重大战略的实施，我国经济社会转型与产业升级对高职院校培养的人才提出了更高的要求，传统的流水线式人才培养模式已逐渐开始被“私人定制”式的人才培养模式所替代，有个性的高素质技术技能型人才成为行业企业的“新宠”。在此背景下，单凭高职院校本身培养高职人才已不合时宜，将高职院校、政府、行业、企业、研究机构、普通高校、境外资源等相对独立的平等主体纳入人才培养机制中已成为必然。在高职院校主体治理结构中，政府与其他相对独立的平等主体在理论上本应建立信任与合作关系，可当下的情况是，虽然高职院校的办学自主权有所提升，但真正的管、办、评分离的现代化高职院校管理制度并没有建立。高职院校从专业设置、课程建设、学生招考、师资聘任、职称评定、资金投入、实训基地建设等方面都可以看到政府遥控的影子，再加上当前我国市民社会与社会组织不成熟，其参与高职院校校企合作“貌合神离”，因此在高职院校校企合作中发挥政府在外围环境中的营造功能势在必行，即通过不断完善相关法律法规来引导高职院校校企合作。由此可以

① 堡堑．公共管理导论[M]．北京：中国人民大学出版社，2001：4-5．

看出，在高职院校治理过程中，政府扮演的角色不是可有可无的，高职院校治理应该是由政府引导和其他相对独立主体共同参与的治理。

三、高职院校治理的意义

高职院校作为我国社会主义人才的培养基地和主要阵地，是国家实现治理能力现代化的重要保障。高职院校治理能力也是国家治理能力的一个重要组成部分。在当前形势下，推进高职院校治理，对于提升高职院校能力现代化具有重要的现实意义。

（一）建设现代大学制度、创建一流高职院校

现代大学制度从本质上来说，就是要在遵循高等教育发展规律的基础上，通过完善治理结构，合理处理大学内外部的各种权力关系，构建起能够促进大学可持续发展的制度体系，形成高校自我管理、自我发展、自我规范、自我约束的发展机制，最终实现高等教育的可持续发展。高职院校治理体系和治理能力是治理制度和制度执行能力的集中体现，是现代大学制度建设的重要内容和关键环节。因此，如何实现高职院校治理体系和治理能力的现代化对于实现建设现代大学制度、创建一流高职院校的宏伟目标具有重要的意义。

（二）推进教育治理体系和治理能力现代化

教育治理体系和治理能力现代化是深化教育领域综合改革的战略目标，是实现教育事业科学发展的战略举措。高校作为国家教育体系的重要组成部分，其肩负的人才培养、科学研究、社会服务的历史使命决定了高校治理体系和治理能力现代化的重要性。中国特色的高校治理体系和治理能力的提出，是我国新时代背景下推进高等教育管理体制变革的重要思想。因此，推进高职院校治理体系和治理能力现代化对于全面深化高等教育改革、促进教育治理体系和治理能力现代化、推动教育领域改革的深化具有重要的意义。

（三）适应职业教育“新常态”的发展要求

“新常态”下，我国经济发展呈现出一系列新的特征：一是从高速增长转为

中高速增长；二是经济结构不断优化升级；三是从要素驱动、投资驱动转向创新驱动。上述特征表明，进入“新常态”后，我国经济发展将从传统的追求增长速度转到追求质量。在这一背景下，如何使职业教育适应“新常态”下的经济发展要求，并在新的经济发展模式中发挥积极作用，形成现代职业教育与经济发展间紧密协调、互相促进的关系，成为职业教育改革发展必须关注的问题。中国高职教育的发展已经步入了“新常态”阶段，其典型特征、发展方向、建设任务和内涵主要包括：一是中国高职教育发展的改革取向、模式选择、政策措施遭遇理论、政策、社会环境的“天花板”，体制机制创新压力增大；二是具有中国特色的现代职业教育体系建设急需重大突破，促进高职教育科学发展的有效路径需要重大创新；三是高职教育发展急需从“规模扩张”向“质量提升”转变，今后一个时期的发展将以内涵建设为主；四是促进高职教育质量提高的顶层设计仍需进一步完善，具体的实施计划需要有系统性设计和整体安排，建设标准、任务载体、方法步骤需要有新的设计和考量；五是中国高职教育内涵的建设仍将以提升高职教育的社会地位、改善高职教育发展环境为重要基础，以专业建设和教学改革为关键内容，以课程建设、教材建设为主要抓手，以师资队伍建设为重要支撑，以信息化、国际化为主要手段。

完善高职院校内部治理结构，建立科学的决策机制、高效的执行机制、民主的参与机制、完善的沟通协调机制，势必能够提高“校企合作，工学结合”的办学水平，激发师生员工参与学校治理的激情，提高社会支持学校发展的热情。可见，完善高职院校内部治理结构，提升院校治理能力作为深化高等职业教育综合改革的重要举措，对于适应职业教育“新常态”的发展要求、激发高职院校办学活力、加强内涵建设、提升教育质量具有重要意义。

（四）体现国家治理体系和治理能力现代化

国家治理体系和治理能力是一个国家的制度和制度执行能力的集中体现，它在教育领域里体现为各种教育体制、法律法规和教育的管理，体现为有一整套紧密相连、相互协调的教育制度以及这些制度的执行能力。推进教育治理体系和治理能力现代化，就是要适应国家治理体系和治理能力建设，根据教育发展的自身规律和教育现代化的基本要求，以构建政府、学校、社会新型关系为核心，以推进管、办、评分离为基本要求，以转变政府职能为突破口，建立系统完备、科学规范、运行有效的制度体系。因此，形成科学的治理体系、建设高水平的治理能力和建立完善的治理制度，实现高职院校治理体系和治理能力现代化，对于推进教育治理体系和治理能力乃至国家治理体系和治理能力现代化有着重要的意义。

第二节　高职院校治理的理论依据

高职院校治理迫切需要理论支撑，以提升治理能力，指导治理实践。公共选择理论、治理理论、法人理论、多元治理理论、委托代理理论等提供的思想很有建设性，可以作为高职院校治理的理论基础。

一、公共选择理论

面对社会的发展和变化，政府在教育领域中的作用和行为问题不断成为教育行政改革关注的焦点："它的作用应该是什么，它能做什么和不能做什么，以及如何最好地做这些事情。"盛行于 20 世纪七八十年代的公共选择理论对此进行了探讨。

（一）公共选择理论的主要观点

现代公共选择理论产生于20世纪50年代。邓肯·布莱克（D. Black）在1958年发表了《委员会与选举理论》，开创了对政治的公共选择研究方法。20 世纪 60 年代是公共选择理论逐渐成型的阶段。美国学者布坎南（James M. Buchanan）等在弗吉尼亚大学成立了托马斯·杰斐逊中心，运用现代经济学的逻辑和方法，分析现实生活中与民众相关的政治个体的行为特征，以及由此引出的政治团体的行为特点，首先提出现代公共选择理论，并成为该理论的主要传播者和杰出贡献者。1962 年，布坎南与塔洛克（G. Tullock）发表了《同意的计算：宪法民主的逻辑基础》，为现代公共选择理论奠定了强有力的基础。1969 年，他们在弗吉尼亚工艺学院创建了“公共选择研究中心”，并创办了《公共选择》杂志，促进了公共选择理论的迅猛发展。这一理论不仅得到美国学术界的重视，而且在欧洲和日本等地开始传播。20 世纪 80 年代和 90 年代，公共选择研究中心从弗吉尼亚工艺学院转移到乔治·梅森大学，布坎南于 1986 年获得诺贝尔经济学奖，越来越多的人受到了公共选择理论的影响。公共选择学派的代表人物及作品主要有：布坎南与塔洛克《同意的计算：立宪民主的逻辑基础》(1962)；安东尼·唐斯(A. Downs)《民主的经济理论》(1957)；尼斯坎南（W. Niskanen)《官僚政府与代议政府》(1971)；奥尔森（M. Olson)《集体行动的逻辑：公共商品与团体理论》(1965)；布坎南《自由、市场与国家》(1986)等。公共选择理论的主要观点体现在以下方面：

1. 政府经济人假设

公共选择理论的“经济人”假设认为：“人是关心个人利益的，是理性的，并且是效用最大化的追逐者。”同样的人在社会的经济活动和政治活动中不大可能有两种完全不同的行为动机；同一个人在两种场合受两种不同的动机支配并追求不同的目标是不可理解的，在逻辑上是自相矛盾的。因此，“假定市场背景下的个人，运用他所拥有的能力（在市场规则的限制下）最大化自己的效用，那么也必须假设，在相应的政治背景下，个人也会以完全同样的方式运用自己的能力（在政治规则的限制下）最大化自己的效用”。经济人是理性的效用最大化者，经济人的理性体现在他在选择自己的行为或进行决策时，都会进行理性计算以使自己的行为选择最大化他的期望效用。经济人所做的选择必然是理性的选择。故经济人假设在很多公共选择理论文献中又被称为“理性经济人”假设、“理性人”假设和“理性选择”假设。

政府经济人假设是公共选择理论的逻辑前提。公共选择理论把人类在市场领域和政治领域的行为统一起来，认为人都是“自利的、理性的效用最大化者”“每个官员至少都部分地根据其自我利益行事，某些官员则只受其自我利益的驱使。甚至在以纯官方的身份行事时也是如此”。基于这一假定，公共选择理论认为，国家不是神的造物，它并没有无所不在和正确无误的天赋，没有理由把政府看作超凡至圣的超级机器，没有理由认为政府总是集体利益的代表和反映。因为政府是由人组成的，政府的行为规则是由人制定的，政府的行为也需要人去决策，而这些人都不可避免地带有经济人的特征。因此在公共选择理论家们看来，政府不过是一个无意识、无偏好的“稻草人”。政府行为和政策目标在很大程度上受政府官员的动机支配。政府官员追求什么呢？尼斯坎南在他的《官僚与代议制政府》（1971）和《官僚与政治家》（1975）中分别提出官员预算最大化模型和官员效用最大化模型。尼斯坎南认为，自利的官员可能追求以下目标：“薪金、职务津贴、公共声誉、权力、任免权、机构的产生、容易改变事物、容易管理机构。”为了实现这些目标，他们努力扩大自己所属行政部门的规模、提高影响、增加晋升机会，其结果是预算扩大、机构膨胀、财政赤字严重。

2．政府失灵及其根源

公共选择理论首先承认政府存在的必要性，因为在人与人的交往中，需要承认对方利益的重要性。在一个复杂社会中，如果要保障全体公民的基础利益，需要每个公民都让渡自己的一部分权利给政府或是“君主”，由政府或君主来出面维护全体公民的利益。但是政府也是由各个追求利益最大化的人所组成的，他们在决策和行事时，也遵循自身利益最大化的标准。同时，政府的行动过程是一个复杂的政治交易过程，人们之间有着复杂的相互作用，因而在政府活动中，经常会产生各种各样的矛盾，出现各种各样的不足和缺陷，这就是所谓的政府失灵。①

政府失灵，也称政府干预的失效，它是公共选择理论研究的核心问题。所谓政府失灵，是指个人对公共物品的需求在现代民主政治中得不到很好满足，公共部门在提供公共物品时趋于浪费和滥用资源，致使公共支出规模过大或者效率降低，预算上出现偏差，国家或政府的活动并不像意料中那样“有效”，或像理论上所说的能够做到的那样“有效”。以詹姆斯·布坎南为代表的一些美国经济学家运用经济学的方法对政府干预行为失效的根源进行了分析和探讨。

第一，在从事公共物品的生产时，行政官员花的是纳税人的钱，就像弗里德

① 田爱丽，张晓峰．对现行教育管理制度的反思：“公共选择理论”的视角[J]．教育理论与实践，2004（11）：17-20．

曼所说的“用他人的钱，为别人办事”，不可能把利润占为己有。因而政府官员不会把他们所提供的公共服务的成本努力压缩到最低限度，甚至会使不计成本的行政行为不断发生。

第二，政府部门基本垄断了公共物品的供给，公共物品的提供缺乏优胜劣汰的竞争机制，使其不注重提高服务的质量和效率。“在某些极端的情况下，提供服务的替代方式都可能被禁止。不管他们是否需要，公民都被迫去消费行政机构提供的服务。”[①]比如，多数国家的托管式学校教育都规定，如果家长支付不起私人教育费用或自己不能讲授一系列课程的话，他们就必须把孩子送到本地的公共学校系统学习10年。尼斯坎南甚至明确指出，官僚机构以明显的“要不要请便”的态度，来与家长和社会进行谈判，而消费者处于纯粹受惠者地位，却无法理直气壮争取权益。

第三，政府提供公共物品，割裂了生产者与消费者之间的联系，从而造成对公共物品估价和评价的困难。公共产品不经过市场就直接进入消费过程，既难以从物质形态上度量，也难以从价值形态上度量。只知道投入价值不知道产出价值，效率的改进也就无从谈起，从而导致配置无效率。

第四，对政府官员行为的监督往往是无效的。由于政府部门对其经营业务有着自然的垄断性，可以利用其垄断地位来封锁一部分公共产品所涉及的有关资源和成本的信息。因此，监督者根据被监督者提供的不完备的信息进行的监督，其实效是大打折扣的。

第五，政府会出现寻租行为。所谓寻租，就是某部门通过特殊的途径得到国家的控制物资或享有某种特权或得到政府其他方面的庇护，从而做出对自己有利的行为。它实际上是因政府自身的腐败而给某些人带来特殊利益的活动，它只能导致社会竞争的不公平以及社会资源的浪费。

3．方法论上的个人主义

公共选择理论在方法论上具有个人主义取向，个人是唯一的意识单位，一切价值评估都是以此为起点，只有个人才是真正的选择者，是基本的分析单位。集

[①] 刘荣春，张军辉公共选择理论的政府失效说及对我国的启示[J]. 生产力研究，2004（6）：125.

体偏好是个体偏好的集结。方法论上的个人主义是一种假设，独立的个人被认为在他们的私人行动和他们的社会行动中都有自己独立的目标。个体的人是一个社会集团的成员，在这个社会集团里，集体的行动由一组规则指导。个人根据他们自己的利益采取行动，个人的有目的性是一切社会行为的起因。

在公共选择理论的视野下，个人是一切价值的源泉，个人价值是一切民主的出发点，个体利益和需要的满足是分析经济过程和政治过程的基点。个人主义的观点并不否认社会和集体的重要性，不过，个人主义仅仅把社会和其他大于个人的社会构成单位看作个人的集合，而不是超越或凌驾于个人之上的东西。任何团体的权利都是从其成员的权利中引申出来的，应是个体自愿的选择和同意的产物。需要指出的是，公共选择理论仅仅是方法论上的个人主义，它不同于作为组织活动的规范的个人主义。每个人都从个人的角度出发，重视个人利益的实现，社会之所以还能够健康地存续和发展下去，是因为人的利益是各不相同的。这样，人们可以通过交往，即以交易的形式来获得自己想得到的利益，让渡自己不需要而别人需要的利益，从而达到实现各自的利益的最终目的。当然，在交易的过程中，人们必须遵循一定的规则，这些规则使得个人在追逐自身利益的时候不损害他人或者整个人类的根本利益。这也是我们经常所说的以市场为导向的社会必定是一个尊重个人主体性的社会，必定是一个法治社会的原因所在。

4. 集体选择的观点

公共选择理论认为，在与公众有关的集体选择中，并不存在“根据公共利益进行选择”的过程，只存在各种特殊利益之间的“缔约”过程。公共选择的结果如同企业行为的结果一样，是各个利益主体“博弈”的结果，即如果仅由一个主体来制定政策或选取方案，那么他就会根据自己利益最大化的标准而不是根据公众利益最大化的标准来行事。

（二）公共选择理论的启示

公共选择理论用经济学方法分析行政过程和政府行为，许多分析和政策主张不无新意。这些理论观点为我国高职院校治理提供了许多启示。

1．凸显教育行政的“公共性”

公共选择理论提出的“政府经济人”观点告诉我们：教育行政机构和人员不是超凡至圣的超级机器，未必总是集体利益的代表，同样也会犯错误，也会利用手中的权力来追求自身利益或集团利益。但是，从政治学“契约理论”的角度理解，政府的合法性是建立在公民与政府、公民之间的政治契约的基础之上的，政府的一切权力来自公民之间的契约或公民与政府之间的权能委托。因此，作为政府机构一部分的教育行政部门应以维护和推进公众的公共教育利益为宗旨，凸显“公共性”，以“公共效用最大化”为目标，把它作为从事教育行政管理活动的出发点和归属。如罗萨多等人所说：“顾客取向和质量优位意味着与传统的决裂，意味着新的游戏规则，是一场管理上的革命。”[①]为此，必须在教育行政中树立行政责任理念。教育行政责任要求教育行政机关和行政人员必须迅速、有效地反映公民教育意愿，帮助公民教育要求的实现。具体来说，教育行政机关或行政人员应该做到：一是在行使职责时，必须说明要达到什么目标；二是在行政行为过程中，要向公众解释为什么这么做；三是在完成职责后，如出现差错或损失，应依法承担相应的责任。

2．制定教师管理制度

公共选择理论者认为，从事政治活动或公共选择的人和从事市场活动的人一样，都是追求个人利益最大化的人，其行为都具有一致性。那么依据这种分析，教师在学校活动中，也是追求自我利益最大化的个体，也在计算着自己的利益得失，也以利益的标准来行事。在一个复杂的社会中，如果对这些“经济人”进行有效的管理，就需要“允许个人（每一个人）在各种可供选择的制度约束中做出有经验依据的选择。这些约束是为所有当事人彼此承认和接受的，并且尽由君主从外部强制实施。”[②]这就要求我们在对教师进行管理时，必须重视规章制度在教师的生活以及教师之间交往过程中的重要作用，让教师在享受自由的同时更受到

---

① 张海静．基于公共选择理论的高等教育资源宏观配置[J]．宁波大学学报：教育科学版，2008：87-88．

② 布坎南．自由、市场与国家[M]．吴良健，桑伍，曾获，译．北京：北京经济学院出版社，1988：8．

相应的制度约束。并且，从逻辑的角度而言，受到制度的约束是享受自由的先在性条件。值得注意的是，在制定有关教师的规章制度时，应做到以下三点：第一，必须有教师的参与，这样才便于“教师彼此承认和接受”，而不是像以前那样“一切由领导说了算”。因为公共选择就是要最大限度地让受到决策影响的人参与决策，即让参与者享有公共决策的最终决定权。第二，要把教师看作一个有着各种实际需要，同时又有各种优缺点的人。他们有着人类一般的基本需求，有着普通人的优缺点，其行为遵循自我利益最大化原则。第三，教师的工作具有较高的专业性，制定的教师制度要给教师相对充分的选择自由，能够使教师“做出信息灵通和有经验依据的选择”。此外，在管理教师时，从管理方式的角度而言，不仅可以使用说服教育的形式，也可以使用奖惩的形式。在对教师的奖励方面，不仅可以使用精神激励的方式，还要有物质激励的形式，尤其是在实行市场经济的今天，物质激励是促使教师成长与发展的重要手段。

3．政府转变教育职能

在教育倍受关注的今天，政府对教育的发展有着极其重要的作用。而在正处于需大力发展的职业教育中，政府对它的管理也存在一定的“政府失灵”现象。主要表现在：其一，政府对职业教育发展的缺位、越位管理导致无效干预。针对职业教育的管理，政府对其所应控制的范围、方式和力度并不明确，在学校财务、教师聘任、教学方式等学校内部具体事务上大包大揽，增加了政府的负担，也使职业学校少了自主发展的主动权，压制了学校的办学积极性，在职业教育发展规划、政策制定、财政投入、教育质量监控等本应加大力度抓好的关键问题上却迟迟没有有效的方案实施。其二，政府对职业教育的过度干预，不利于其他因素的介入。政府垄断职业教育产品的供给，将市场竞争机制排除在外，拒绝市场教育主体敏感的成本效益观念、服务意识和创新意识，忽视其他教育主体的重要作用。其三，信息点的不完全性及政治家的“短见效应”导致决策失误。职业教育与市场之间有不可分割的联系，而我国的职业教育向来有浓厚的计划经济色彩，政府常根据经济发展规划进行“人才预测”，制定职业教育的人才发展规划，但由于估计经济增长率的难度导致了人才预测的准确性不高，并且根据这种预测建立起的职业教育体系往往脱离经济发展的实际，一旦经济发展不能消化教育培养的人才，就会造成严重的人力、物力浪费，加重社会的失业境况。因此，在职业教育的管理中，政府需要改变现有的管理职能，明确自己的职责与优势，将政府宏观调控与市场机制相结合，赋予职业学校充分的自主权，发挥学校自身的积极主动性，使学校的发展更加符合市场的需求，充分发挥职业教育自身的优势。

政府转变教育职能，首先要明确对教育的责任，即办教育，而不是管教育。办教育意味着政府要对教育尽责任、尽义务，尤其是义务教育，至少要投入足够的资金。政府要赋予学校充分的自主权，发挥学校自身的积极主动性，政府只要在教育管理中把住教育的质量关即可；政府弱化对学校的直接管理还意味着要进一步强化市场机制对学校教育的调节作用，应逐步开放教育市场。在发挥市场机制调节教育的过程中，政府要尽快制定、修订和完善相应的教育及与教育相关的法律、法规，维护学校在市场中的公平竞争。在当今市场机制发育还不是非常成熟的时候，可先成立若干管理中介机构来管理学校作为过渡。等市场发育成熟后，逐步让市场机制来调节与管理学校教育。

4．打破校长负责制的弊端

在现代学校管理中，大多强调“校长负责制”，虽然该体制理顺了学校的职、权、责的关系，提高了学校的管理效率，但是校长权力的无限扩大也带来了相当的隐患。谈到高职院校，基于公共选择理论的“经济人”假设，我们至少应当从以下几个方面去认识如此机制下的校长一人决策：首先，校长与其他职工一样，是具有理性和私利的“经济人”，他并不完全是全校员工和学生“公共利益”的代表，他也具有自己的动机、愿望和偏好，关心自己在学校管理活动中的成本和收益，追求自己利益的最大化。所以在此过程中，他自己的利己目标和学校全体员工希望他最大化的目标，对校长的行为有着不容忽视的影响。其次，校长一个人的认知、行为能力是有限的。我们应认识到职业学校管理的多元需求复杂性，如社会需要依靠其解决就业问题、双师型教师需要其为自己提供充分的发展空间和一定的决策参与权、学生则需要通过教育实现自己的目标等，在如此多的目标下，校长的行为不一定以学校公众利益为行动目标。再加之市场的不稳定给职业学校带来的诸多变化，导致校长在行使职能的过程中存在信息不对称、认识局限，从而很容易造成校长的决策失误。再次，校长一人负责很容易出现“寻租行为”，特别是与市场贴近的职业教育，学校的合作企业、实习场地、学生就业等问题的解决如果过分依靠校长一人，而缺少相关制度以及学校董事会、教职会的限制，就很容易因为校长的“经济人”本性造成寻租现象的产生。所以，为了避免校长一人决策的种种弊端，首先应当建立完善的政策法规及校内制度，突出规则、制度对管理者的约束作用，强调校长必须依法行政，作为学校的法人代表必须全面负责学校的各项管理工作；其次，要对校长进行标准多元化的定期考核，建立相应的、切实有效的对校长行为的监督和制约机制，以维护学校整体的利益。再次，要在学校中充分体现校董会以及教师代表大会的作用，让教师也参与决策，以避免校长过多地采取利己的行动。一方面使学校管理更加全面地体现全校教职员工的利益，另一方面也激发了教师的工作积极性，有利于提高工作效率。最后，要加大外部力量的监督作用，让他们共同参与学校的相关管理并对校长进行相应监督。

5．借鉴个人主义方法论的思想

在当前我们国家的教育管理领域中，主要奉行“集体主义”的管理理念，当然，这样的教育管理理念有其合理性的一面。但是如果仅仅这样做，就有可能导致在一些事情中剥夺了“少数”人教师和学生的权利。因为集体主义坚持“少数”服从“多数”的原则，这样，“多数”人的意见和权利得到了落实，而“少数”人的权利就遭到了忽视。相对于当今以集体主义为主旋律的教育管理理念，在教育管理中适当借鉴公共选择理论关于个人主义方法论的思想，就要求管理者真正实现“以人为本”的管理思想，在管理过程中兼顾每位教师和学生的利益。即使当个别教师和学生的利益和整体利益相冲突时，只要他们的要求不会损害别人的利益，不违背法律的要求，就应当给予满足。只有如此，才能满足全体学生和教师的需要，才更利于他们个性的发挥以及创造力的实现。具体而言，从学生的角度出发，就是要承认每一个学生都是成长的主体，教师要充分尊重每一位学生，让每个学生都得到自由充分的发展，而不是一味地去规范学生的思想和行为。要允许学生标新立异，而不是一味地强调统一和整齐。就教师的角度而言，教育管理者要充分重视教师的利益和需要，重视每一位教师的发展，并给教师充分发展的空间，使教师的主体性得到发挥。

二、治理理论

当今，深化高校内部组织结构变革，建设适应高等教育发展趋势的现代大学制度，成为高校改革发展的题中之意。以治理理论为指导，建立高校内部治理机制，让高校内部多元主体参与管理和决策，通过优化结构和制度创新激发高校内部活力，对于变革高校内部组织结构、建立现代大学制度有着极为重要的意义。

（一）治理理论的主要观点

治理理论是由于近年来西方市场调节失效和政府调控缺陷而兴起的新的理论学说。在《治理与善治》一书中，著名学者俞可平强调："治理的目的是在各种不同的制度关系中运用权力去引导、控制和规范公民的各种活动，以最大限度地增进公共利益。"[①]治理理论不限于政府公共部门，也适用于私人机构。治理最重要的特征是突出主体的多元性，治理主体之间持续互动，在明确权力与责任的前提下，形成自主自治的网络，最大限度地服务公共需要。治理理论对于组织结构复杂、利益主体多元化的高校有着重要的指导意义。治理理论包含以下的主要观点：

1. 治理理论强调主体多元化

治理不同于统治与管理，治理理论突出多元性主体。治理主体不仅包括政府机构等公共组织，而且应涵盖私人部门和非政府组织。行使管理职能的主体不再仅限于具有公权力的政府，其他社会组织和个人，如各种行业协会、社区互助组织、志愿者团体及民间慈善机构等，只要他们在参与公共事务过程中获得公众认可，都可能是公共管理的主体，政府不再"一权独大"。治理理论认为，在当前诸多社会领域，存在政府调控和市场调节都可能失效的情况，因此提出将治理理论延伸至整个社会。管理社会事务和提供社会服务的责任应该由政府组织、非政府

---

① 俞可平．治理与善治[M]．北京：社会科学文献出版社，2000：5．

组织等第三部门和私营机构一起承担。多元的治理主体之间是一种持续互动的伙伴关系，而政府应部分放权于私人部门和非政府组织，实现三者的良性互动和优势互补，最终达到共同服务公众需要的目的。这种多元化的模式恰恰适用于内部结构复杂、主体多元的高校。通过学校行政权力部分下放于教师与学生，实现三者之间的有效合作，共同推进高校内部结构的优化。

2．治理理论突出权力自主和机构自治

理主体的多元化必然会通过打破政府的垄断权力，允许非政府组织和私人机构在一定的规则和制度下实现权力自主和机构自治。在公众认可的情况下，通过制定共同遵循的规则，以灵活务实的方式分散政府的部分垄断权力，形成侧重不同层面的权力中心。在基于遵守共同规则的前提下，不同主体通过构建合作机制，发挥各自优势，确立共同认可的目标，最终形成一种互利共赢的自主自治网络。治理理论更强调公权力机关和公民社会的沟通协作，强调使用科学管理的新方法、新技术，而不是单纯依靠传统的政策、法令、制度等强制民众接受与服从。当前高校内部结构变革应打破行政机构的垄断地位，将行政权力适当分散给教师与学生，甚至让第三方机构参与和监督学校的内部管理，充分调动校友、企业、用人单位、社区代表等管理主体和与大学利益息息相关的各种力量广泛参与大学治理的积极性和主动性，通过各方力量共同推进高校办学实力的提升。

3．治理理论注重权责一致化

权力和责任作为治理理论运用于社会实践的重要保障，关乎治理机制能否有效运转。在分散政府垄断权力的同时，责任也相应地转移到私人机构和非政府组织，实现权责一致化，明晰各种主体对公共事务的管理权限的责任，而模糊公共管理的边界。治理理论要求在不依赖政府权威的前提下，私人机构和非政府组织能够在参与社会服务和管理方面发挥其作用。这成为衡量治理主体的自主自治成效最重要的标准。只有这样，才能避免那些处于解释时局、引导公众舆论的人把失败或困难统统推到别人身上。这一准则恰好为师生参与高校管理提供了很好的规则保证，既避免因有的师生随意使用某些治理而引发高校组织结构的无序，又能切实保护好师生自身的权益。

4. 权力运行的多向性

治理理论倡导的网络管理体系具有共识、共享、共治等民主化特征。政府不仅仅通过“官僚科层体制”国家机器通道传递指令性的行政信息，还与社会自治网络协同合作。管理权力的运动轨迹呈现“自上而下、自下而上、左右贯通”等多向互动态势。

5. 体现“善治”的管理价值观

治理模式试图通过获取大量信息资源以减少冲突、达成共识，努力打造兼具民主、效率、责任、秩序的公共服务体系，实现“善治”。简而言之，治理是对传统统治范式的反思，反映了多元化非强制性权力通过各种方式积极参与公众事务管理的民主思潮。

（二）治理理论的启示

捷克教育家夸美纽斯说过：“制度使学校像钟表的自动装置一样，是学校一切工作的灵魂”。构建符合科学民主原则的现代大学管理机制，不仅是现代大学制度的基本含义，也是大学适应高等教育运行规律、在激烈的竞争格局中稳定发展的重要前提。为此，应积极寻求可行路径，把治理理论移植到我国高校管理机制创新的实践中，探索具有我国高校特点的新型管理理念和机制。

在高等教育快速发展的新形势下，偏重行政权力的高校组织结构已无法推动高校向着构建现代大学制度的目标发展，因而改革高校内部组织结构就显得尤为必要。克拉克认为，高等教育系统的变革是“一种运动中的矩阵”，这个“运动中的矩阵”依靠的是高等教育系统学术基层的创新、民主的管理和渐进式的变革。高校内部组织结构的变革不是一味地强调去行政化色彩，而是要遵循高等教育的发展规律，不断激发高校内部多元主体的积极性和创造性，进一步明确和强化权责意识，提升多元主体参与高校治理的深度，构建一个涉及高校多元主体参与的治理型组织结构，最终改变传统的行政管理意识，促进高校健康、可持续的发展。

1. 重视管理主体的多元化

治理理论认为，政府不是管理权力的唯一代表。其他社会组织、个人及团体只要在服务大众的过程中获得了魅力型权威，就都有可能成为该领域中现实的权力中心。在高校管理组织系统中，强调管理机关为学校管理权力中心的同时，务必重视由教师群体构成的各种非正式组织的显性及潜在能量。当前，高校教师或出于团体利益或受到趋同价值观的影响而形成众多非正式组织，如教授协会、登山协会、教职工互助小组等。为了充分发挥其积极作用，化解消极影响，学校管理层要做好几方面工作：一是支持非正式组织的正常活动，为其培养兴趣爱好或学术交流提供必要的便利条件，激发他们的工作热情，为学校和谐发展创造条件；二是在做出重大决策时认真听取非正式组织的意见，争取达成“共识”，实现“政行令通”；三是在法规和制度许可的范围内，满足非正式组织的合理诉求，以降低潜在的管理风险。

2．转变政府理念，明确政府职能

宽、过死，兼具运动员和裁判员的角色。但是随着社会的进步，政府没有充足的资源去处理日新月异的社会事务，因此，治理理论认为，政府需从传统的“管制型”“集权型”和“全能型”政府逐步转变为“服务型”“分权型”和“有限责任型”政府。运用到高等教育领域，则体现为政府退出对高校事务的直接管理，将大量的职权转移、下放给学校及其他社会力量，放弃“不该管”和“管不好”的事情。政府的职能则体现为如下三个方面：一是宏观调控，政府要把握高等教育的发展方向和质量，制定高等教育发展规划，推进高等教育体制改革和教学改革，保障经费、设备的投入，公布教育信息等；二是制定和完善各项教育法律、法规和政策，监督和约束高校，保障高等教育健康有序运行；三是协调政府与高校、企事业组织、社会团体等社会力量之间的关系，保障社会弱势群体接受高等教育，培育高校竞争市场，积极推进国际合作与交流，为高等教育的健康发展创造和谐且充满活力的环境。

3．构建科学合理的决策机制

高校的决策机制长期以来带有明显的行政化色彩。这一方面有利于整合权力以提高决策效率，有利于高校抓住一些战略性发展机遇；另一方面容易造成决策的不科学。因此，提升多元主体参与决策的水平，构建科学合理的决策机制，成为改革高校内部组织结构的重要途径。从治理理论视角来看，科学合理的决策机制，需要明确和合理划分政治权力、行政权力和学术权力的界限，进而构建层次清晰的权力核心体系，形成权责明确、多方参与的构架。具体而言，高校内部应进一步明确“党委领导”“校长负责”“教授治学”的职责范围和运用形式，这在中共中央办公厅印发的《关于坚持和完善普通高等学校党委领导下的校长负责制的实施意见》中得到了体现和具体化。因此，应适当地扩大决策参与的治理主体，增强决策论证的科学性，搭建科学决策的支撑平台，努力使三者之间的权力运行有机结合，从而建立起一个平等开放、多方参与的科学决策体系。提升多元主体参与决策的重要表现是强化监督制约机制。高校健全监督制约机制不仅是优化高校内部组织结构的重要因素，而且是维护和保障师生权益的重要手段。健全高校监督机制应协同发挥内部监督和外部监督的作用。当今高校监督机制过于突出内部监督的作用，相对忽视了外部尤其是社会第三方的监督和评价。因此，改革高校内部组织结构一方面要完善来自高校内部和上级主管部门的党内监督、审计和纪律监督；另一方面要进一步发挥第三方监督的制衡作用，通过大力引进第三方监督评估，引发“鲇鱼效应”，以另一种方式推进高校各项事业的发展。①

4．倡导自主自治的网络管理模式，健全高校学术民主管理制度

治理理论所推崇的网络管理模式其实就是基于伙伴关系进行合作的一种新型民主化形态。高校应建立自主自治的内部网络管理系统，在平等对话、利益均衡、目标认同的基础上，使学校管理层与教职工的合作、行政组织与非正式组织合作、非正式组织与其成员合作，各种利益主体之间交叉合作是高校管理网络体系运作的基本路径。在新型的高校管理机制中，权力主体呈多元化结构，其运动轨迹呈漫射线状，通过网状路径进行全方位的互通传递。

行政权力泛化不仅体现在政府对高校的管理体制上，也存在于高校本身的管理制度中。要改变这种现象，一方面，政府要减少对高校的行政干预，遵循学术

① 张开发，王永芳．高校内部组织结构的变革：基于治理理论视角[J]．苏州科技大学学报：社会科学版，2017（7）：102-106．

组织的规范和内在逻辑管理高校。另一方面，高校要健全学术民主管理制度，确立学术组织的价值标准，即“按照知识共同体内在的标准评价教师绩效”。，并以这个标准为基点进行系列配套改革。高校传统的内部结构中存在学术民主管理的制度缺失。虽然目前高校内部设有诸如“学术委员会”“学位评定委员会”“教学委员会”等各种学术和教学组织，但其职责模糊、机构设置分散、整体性不强，容易造成学术权力分散，为行政干预留下了空间。因此，高校内部的学术民主管理应该形成以教师为主体、以学术组织为载体、以学术管理制度为保障的学术治理体系，其中以健全和完善学术民主管理制度最为重要。营造学术民主管理的制度环境，一方面，要通过构建一定的学术民主管理的治理机制，在高校内部形成浓厚的学术民主管理氛围，运用民主的方法，以学术讨论的形式，研究和决定高校学术发展规划和影响学校教学、科研等方面发展的重要问题，确保高校的办学遵循学术发展规律。另一方面，加强高校学术民主管理的制度建设应以保障教师的学术自由为前提，契合学术发展规律，激励学术创新，尤其要发挥基层学术组织的创造性，提升学术机构的地位，形成一个有影响力的“学术共同体”。曾任中山大学校长的黄达人明确指出：“大学作为学术共同体……必须以学术为目的，以科学精神为核心凝聚力。”[①]只有发挥学术组织的作用，深化、细化学术评价体系，搭建实现学术梦想的平台，创设充满活力的学术环境，营造鼓励学术民主管理的制度氛围，才能打破长久以来高校内部学科、院系之间的壁垒，激发教师参与学术管理的积极性和基层学术组织的活力.，减少行政权力对学术权力的干预，充分发挥学术权力的作用，真正实现高校学术发展和管理创新。

三、法人治理理论

我国大学法人治理结构在法律上的发展经历了漫长的过程，是伴随着高等教育管理体制改革的进程而发展的。2010 年 7 月 29 日，中共中央、国务院颁布《国家中长期教育改革和发展规划纲要（2010—2020 年）》，提出：“完善中国特色现代大学制度。完善治理结构，探索建立高等学校理事会或董事会，健全社会支持

[①] 黄达人．大学是一个“学术共同体”[N]．中国教育报，2009-03-23（03）.

和监督学校发展的长效机制。探索高等学校与行业、企业密切合作共建的模式，推进高等学校与科研院所、社会团体的资源共享，形成协调合作的有效机制，提高服务经济建设和社会发展的能力。”[①]这些规定有力地推动了高等教育管理体制改革的发展。同时，大学法人治理结构的规定仍然需要更加深入的研究和实践来完善和细化。

2014 年 5 月，国务院发布了《关于加快发展现代职业教育的决定》，正式提出“探索发展混合所有制职业院校”，由此引发了职业教育领域的专家学者对混合所有制职业院校概念、内涵、特征、发展路径等一系列问题的探讨。混合所有制职业院校的本质属性是不同所有制性质产权结构的多元化，表现为股份制、合作制、股份合作制、中外合资和“三资”等实现形式。办学主体、投资主体的多元化，多种形式、多种目的的资本的同时注入，要求混合所有制职业院校必须建立产权明晰的制度，促进投资体制以及治理结构的变革。因此，要推动混合所有制职业院校的制度创新，保证其和谐有序的正常运转，必须完善其法人治理模式，建立健全与传统的职业院校不同的法人治理结构。

（一）法人和大学法人的含义

我国《民法通则》明确规定：“法人是具有民事权利能力和民事行为能力，并能依法独立享有民事权利和履行民事义务的组织。”[②]法人是社会组织，与自然人一样具有民事权利能力和民事行为能力，能依法独立享有民事权利和承担民事义务。按照法人的性质，法人分为企业法人和非企业法人。非企业法人包括机关法人、事业单位法人和社会团体法人三类，大学在我国一般被归为事业单位法人。《民法通则》第 50 条规定：“具备法人条件的事业单位、社会团体，依法不需要办理法人登记的，从成立之日起，具有法人资格；依法需要办理法人登记的，经核准登记，取得法人资格。”[③]高等学校作为办学实体，通过大学法人制度表明大

① 张开发，王永芳．高校内部组织结构的变革：基于治理理论视角[J]．苏州科技大学学报：社会科学版，2017（7）：102-106．

② 中华人民共和国民法通则[Z]．1986．

③ 中华人民共和国民法通则[Z]．1986．

学的主体资格、财产的独立性、办学目的的自主性以及满足社会对高等教育需求的公益性等特征，[①]主要体现了大学的公法人、公益法人、社会团体法人等性质，同时越来越表现出私法人、营利法人、财团法人等性质。可见，只有从不同角度对大学法人性质进行综合分析，才能实现对大学法人治理结构的全面理解。

从经济法角度看，法人设立的原则包括自由设立主义、特许设立主义、许可设立主义、准则设立主义、严格准则主义、强制设立主义等，这些原则可针对不同种类的法人而分别适用。而高校法人设立必须按照《高等教育法》的规定，实行许可设立主义原则，也就是高校法人在设立时，除应当符合法律规定的条件外，还必须履行行政审批手续，经审查批准后才能取得法人资格。我国《民法通则》第 37 条规定："法人应当具备下列条件：（一）依法成立；（二）必要的财产或经费；（三）有自己的名称、组织机构和场所；（四）能够独立承担民事责任。"结合高校特点，高校法人应具备以下几个条件：一是设立人要符合法定条件。公立高校应由国家举办；民办高校则应当具有法人资格，并经严格的行政审批。二是符合法律规定的目的。设立高校应当符合国家高等教育发展规划，符合国家利益和社会公共利益，不得以营利为目的。设立高校必须满足政治性、公益性、规划性、协调性等要求。三是有组织机构和章程。组织机构包括：党委领导下的校长负责制，校长是法定代表人；校长和各职能部门是高校的执行机构，负责实施各项管理事务；教代会、工会等构成学校内部的民主管理和民主监督机构；学术委员会负责审议和评定学术事项。高校章程是法人开展活动的重要依据，包括的基本内容有学校名称、校址、办学宗旨、办学规模、层次、形式、学科门类、教育形式、内部管理体制、经费来源、性质、财产和财务制度、举办者与学校之间的权利和义务关系、章程修改等。四是有自己的名称，以此区别于其他组织。五是有符合办学要求的教学科研力量。教师决定着高校教育活动的质量和水平，有合格的教师，才会有合格的教育，师资队伍是高校教育教学活动的基本保证。六是有完备的教学场地及设施、设备。高校办学条件必须达到国家教育行政部门的规定，这些规定既是办学的基本要求，也是检查评估的重要依据。七是有开展工作的办学

[①] 穆晓霞．论依法治校与高校法人地位[J]．陕西行政学院学报，2008（11）：99-101．

资金和稳定的经费来源。这是高校正常运转并独立承担法律责任的物质基础和资金保障。八是有达到规定数量的学科门类，从而将大学划分为综合性大学、多科性大学和单科性大学，体现出大学自身的办学方向和特色。[①]

（二）大学的法人治理结构

法人治理结构是法学和经济学研究的重要内容，这一问题是西方发达国家最先认识到的。有学者认为，所谓法人治理结构，是指股东大会、董事会和高级执行人员即经理组成的一种权力制衡关系。随着法学理论和实践的发展，法人制度的应用范围越来越广，将法人治理结构引入大学进行研究有助于完善中国特色现代大学制度。

与我国高校相比，国外发达国家的大学具有一些共同的特征，突出体现为具备基本类似的法人治理结构即具备独立的法人资格，多采用董事会（或理事会）治理结构。尽管政府可任命部分董事会成员，董事会作为最高管理机构，负责财务等重大决策和日常事务的运行，但是在不同国家，大学的运行模式也有差异，其主要区别在于政府管理、控制这些大学的方式及程度。

1．外部治理模式

高等教育发达的国家，大学的外部治理模式，因公立和私立不同、历史和文化背景不同，从政府和高校的关系上看，大致可以分为以下三类：一是政府控制型。这一模式的突出特点是政府控制较为严格，大学自主性相对较弱。其主要代表国家包括德国（21 世纪以来以“还大学于社会”为旨趣的改革前）、法国、卢森堡、荷兰等国；一些地中海沿岸的南欧国家（尤其是希腊和葡萄牙）以及法人化改革之前的日本也可归为此类。在日本，学校是政府行政机构的一部分，政府承担公立大学日常运作所需的预算全额，教职员工为国家公务员，并由政府支付薪酬。政府虽在一定程度上认可学校在教学研究和人事方面的自主性，但并未赋予其实现财政自主化的权利。二是政府监督型。这一模式的突出特点是：高等学校是自治体，具有比较充分的自主权。其主要代表国家为美、英两国。政府与大

① 代刃．我国大学法人治理结构的制度探析[J]．前沿，2012（3）：87-89．

学在法律地位上平等，中央及地方政府为公立大学提供经费支持，而公立大学在经费使用方面享有较高的自主权；多数大学实行董事会治理结构；公立大学在人事制度方面实行预算管理而非编制管理，引入竞争的准市场内容；由第三方机构对学校的办学质量与社会声誉进行评价。有消息表明，近年来政府控制型模式中的日、德两国由于本国公立大学运行机制的僵化与低效，借鉴政府监督型模式，实行了一系列改革，以提高公立大学的自主性与竞争力。三是宏观调控型。这一模式的突出特点是高校在办学方面有相当大的自主权，政府通过法律对私立大学进行宏观调控。其主要代表为美国、日本。如前所述，日本的私立大学所占比例最大，美国的私立大学发展水平最高。日本政府通过《大学令》《教育基本法》《私学振兴财团法》《私立学校振兴援助法》等对私立大学进行宏观调控，以影响私立大学的发展规模和方向。美国通过《权利法案》《国防教育法》《高等教育法》等，规定联邦政府要向私立高等学校提供长期资助。政府通过财政支持将其高等教育相关政策反映到大学管理制度上，实现对私立大学规模、类型以及科研方向等的宏观调控，使其沿着有利于国家利益、社会利益和民众需求的道路发展。美国政府对私立大学的质量控制主要依赖独立于政府、大学之外的第三方鉴定机构。就法人治理结构而言，尽管国外大学具有大致相同的董事会（或理事会）法人治理结构，但公立大学与私立大学在治理结构方面也存在一定的差异性，呈现出不同的特征。

2. 内部治理模式

由于各国法律和历史背景的差异，不同国家借助类型不同的治理机制和法律形式来实现大学的功能，具体如下：一是委员会管理模式。英国的一些大学采用了此模式，通过庞大的委员会体系进行管理和决策。这一治理结构通常由校务委员会、学术委员会、董事会、校长和副校长等组成。其中，校务委员会主要由来自商业界、工业界、地方行政当局、地方教育界、其他高等教育机构的校外成员组成，是大学形式上的最高权力机构，其主要职责是确保校务的诚信、公开与透明，对大学的发展战略、方向进行顶层设计，商议财务规划、招聘政策等，并监控已制定目标和基准的实施情况，确保资金使用得当、各项管理措施充分到位等。

学术委员会是大学的最高学术管理机构，主席由副校长担任，其成员通常包括大学的全体教授、系主任、教学人员、管理人员和学生代表等，主要负责制定学术发展战略和科研促进措施、审核教学内容、督促学生纪律等与教学科研密切相关的工作。学术委员会向校务委员会报告工作。校董事会拥有监督学校活动及资源使用、人事任命、财务管理等权力。校长一般由具有较高声誉的人士担任，但只作为学校的象征与代表，发挥领导的权威作用，副校长才是“首席学术和行政官员”，拥有人事任免权力、学术权力和财务权力。二是董事会管理模式。美国高等教育从创建以来一直沿袭了一个基本制度，即以董事会为核心的法人治理结构。与企业中的董事会对企业活动承担的法律责任一致，大学的董事会对学校也承担着最终责任。作为大学的法人机关，美国高校的董事会大多接受学校创立者的信任委托，并以信托的方式持有学校财产，其主要职责是使受益人利益最大化、聘任大学校长和管理学校资源。美国大学的内部管理模式有一个突出特点，就是“外行领导内行”——由校外非教育行业人士管理大学。这种管理模式使得董事会能够站在公共利益相关者与消费者的角度监督公立高校的办学绩效，并促使学校对社会需求做出必要的回应。美国公立高校内部权力机构通常由董事会、行政委员会与学术评议会组成。董事会负责大学规章修订、组织变更与发展方向规划，行政委员会负责学校重要行政事务处理，学术评议会则负责学术事务审议以及学校发展建议的提出。总体来看，董事会的职责主要集中在学校的发展战略层面，而对校内具体的日常运转工作则不做过多干涉。美国高校的行政委员会成员通常包括校长、副校长、财务长、学院院长、董事会代表、校友会代表、学生代表等，其职能主要集中在聘任学校主管、管理学校财务、签订协议与契约以及授权处理重要行政事务方面。学术评议会是董事会下设的学术管理机构，是大学学术权威的代表，确定并管理学校总的学术政策，负责学科建设与发展、课程设置与教学管理、学位事项与对外学术交流活动，同时也负责教师的聘任、考核与晋升等事务。①

---

① 陈颖．国外大学法人治理模式对我国现代大学制度建设的启示[J]．湘潭大学学报：哲学社会科学版，2015（7）：154-157．

（三）法人治理理论的启示

由于历史条件、文化传统以及社会制度的不同，各国大学法人治理结构都不尽相同，并不存在一个统一的模式。经合组织的一项研究指出，“从整体上说，这是一个没有明确界定的领域”。①虽然如此，我们仍然可以从一些发达国家的大学法人治理模式中概括出一些规律性的认识，对我国现代大学制度建设的改革与实践有所启示。

1．政府转变职能，切实加强高校办学自主权

当前，国外高等教育的发展趋势是“政府监督型”逐步完善，而“政府控制型”逐渐向“政府监督型”转变，我国高等教育行政部门可鉴于此，转变行政理念、转换行政职能，积极推动高校从“国家控制”向“政府监督”转变，对大学减少干涉、增加支持，切实加强高校办学自主权，激发其办学活力与创造力。2015年5月，教育部印发《关于深入推进教育管办评分离促进政府职能转变的若干意见》，推进管办评分离，进一步转变管理方式、简政放权、落实高校办学自主权，构建政府、学校、社会之间的新型关系，构建三者之间的良性互动机制，促进政府职能转变。这方面，美国由具有专业性、中立性的第三方中介机构对大学质量与信誉进行评估、评价的模式可资借鉴。针对我国高等教育现状，建立“管、办、评”分离的治理结构，政府通过政策、规划、经费、评估等杠杆对大学进行间接引导调控，大学则在取得办学主体地位和自主权的同时有效自律，构建科学的内部治理结构，将有效提升高校治理能力。

2．建立大学法人治理董事会（理事会）制度

在国外主要发达国家，不少大学采用以董事会为核心的大学治理体系、以校长为中心的大学行政管理系统和学术委员会学术管理体系。②在这一模式中，董事会是大学的最高决策机构，成员由不同利益相关者组成，主要负责学校发展方针政策的制定；校长是大学的最高行政负责人，由董事会指定并受董事会委托，管

① 阿兰．代理机构：探求原则的过程[M]．国家发展和改革委员会事业单位改革研究课题组，译．北京：中信出版社，2004：8．

② 焦笑南．美国、英国、澳大利亚的大学治理及对我们的启示[J]．中国高教研究，2005（1）：51-53．

理学校日常行政事务。我国公立大学的书记、校长目前由政府任命，但可在学校社会合作制度建设过程中，参考国外大学内部治理结构中的董事会模式，科学定位新时期的董事会（理事会），建立吸收校外利益相关者参与学校决策和决策咨询的制度，从而改变决策机构全部由校内人士组成的模式，使其能够更好地体现公共价值、行使办学权力。2014 年 7 月，教育部《普通高等学校理事会规程（试行）》发布，称“本规程所称理事会，系指国家举办的普通高等学校（以下简称：高等学校）根据面向社会依法自主办学的需要，设立的由办学相关方面代表参加，支持学校发展的咨询、协商、审议与监督机构，是高等学校实现科学决策、民主监督、社会参与的重要组织形式和制度平台。高等学校使用董事会、校务委员会等名称建立的相关机构适用本规程。这一规定的发布实施，为国家举办的高校遵循高等教育本身的规律和市场经济优胜劣汰的原则，将新形势下的董事会功能定位在有利于高等教育事业发展、有利于高校与企业的产学研结合以及体现管理、服务、协调上指明了方向，也为推进中国特色现代大学制度建设和健全高等学校内部治理结构创造了条件。

董事会对内是学校事务的决策者与指挥者，对外则是学校的代表与权力象征。校董事会成员主要由高校各利益相关者代表组成，如学校主管部门、投资方代表、教师代表、学生家长代表、立法代表和财务界专业人士等。校长是治理结构的一个范畴，是高等学校法人制度的一个重要方面。校长执行董事会决议，向董事会负责。校长主要负责学校的日常行政事务，学校党委起领导和监督作用。因此，明确各方的职责，将使高校办学具有更大的适应性和灵活性。董事会中应设立校务委员会和学术委员会，分别负责大学的行政事务和学术事务，为校长行政事务决策和教育教学管理提供咨询和帮助，体现董事会的民主制度，使行政主导、高度集中的管理模式向行政管理与学术管理相结合的管理模式转变。其中，校务委员会下设财务、审计、总务后勤、基建、风险管理及其他机构等，学术委员会则由发展规划委员会、学术研究、职称评定及学位授予等机构构成。加强学术委员会建设的同时，不能忽视民主管理和监督。要进一步建立健全以教师为主体的教代会制度，明确教代会的职责，确定学者、教师代表比例，促进教职工参与学校的民主管理和建设，真正把权利落到实处。

在我国，高校董事会是一个新生事物，有关法律制度也不够健全，对董事会自身的监督与制衡还需要进一步规范。在这方面，世界各国私立高等教育的发展实践具有很大的参考价值。

3．完善大学法人治理激励约束机制

现代大学制度的目标之一是激励约束机制的完善。激励约束机制的核心是协调办学者与举办者之间的关系，实现双方的利益最大化。要把握高校办学活动在学术、学科、专业和知识性方面的特点，建立适应大学特点的激励机制。法人治理结构中激励约束的内容要以教学、科研、服务和管理为核心，以业绩大小为原则，明确岗位权利和义务，不断加强内部管理体制改革，把人事、科研、教学、管理、学生、考核等激励制度有机结合起来，形成科学、合理、可操作的激励机制。注重物质激励与精神激励的结合，探索股权激励方式和知识、管理要素参与分配的机制，突出教学中心地位，向一线教学和科研教师倾斜，特别加大拔尖人才和重大科研成果的奖励力度，全面提高教职工的积极性和创造性，使所有教职工有所作为，提高大学的核心竞争力。完善大学法人治理激励约束机制，同样适用于高职院校。

4．调整完善高校财政保障机制，搭建大学法人治理财务管理新模式

通过大学经费来源的多元化，完善适合公办高校的法人自治财产权制度。大学的财产来源至少有三个：教育财政、社会捐赠和教育收费。虽然对公办高校法人财产权的性质多有争议，但制度完善是多途径的。以获得国家教育投资为例，在实践当中，高校可越来越多地引入竞争机制，以招生人数、学术成果水平、创造知识及培养人才的能力等优势，争取更多的国家教育经费投入。国家鼓励“多渠道筹措高等教育经费”，争取社会资源办学，构建高校法人产权多元化体制。

同时，为了适应大学法人治理结构，必须搭建现代大学财务管理新模式。一是建立校长领导下的总会计师制度。总会计师专职主管学校的财经工作，直接对校长负责，有利于加强学校的宏观调控，统一运筹资金，综合平衡、协调各方面的利益，实行科学决策，提高办学能力和投资效益，使学校经济工作做到良性循环。二是拓展高校财务管理职能，将高校的筹资、融资和资本运营纳入财务管理之中。增加高校财务管理的财务预测、财务决策、财务控制和财务监督等功能。设置财务处、筹资委员会和投资部，明确三者的职责，强化经济责任制，自觉接受监督。三是建立大学财务信息披露制度。高校作为自主办学主体对投资人承担受托责任，有责任将其接受的委托资金的使用情况上报给利益相关者。高校财务信息披露应增加人才成本、固定资产折旧、筹融资情况和偿债能力等内容，应通过董事会会议、网络等渠道向相关利益者及时披露，接受监督。高职院校也要尝试搭建现代大学财务管理新模式，以更好地适应大学法人治理结构。

5. 保持中国特色的现代大学制度，优化大学法人治理

一方面要坚持党委领导下的校长负责制。在国外多元化公共服务机构提供主体中，公立公共服务机构与我国的事业单位相似性较大，其法人治理的基本类型与模式可资借鉴。因此，可在大学法人治理模式改革过程中，根据我国政治社会体制特征，根据政府对不同类型高校的管理要求，结合不同学校的层次与特点，选择符合实际的法人治理模式。发达国家大学法人治理结构的核心在于，由利益相关者组成董事会和负责日常事务的管理层，构建权责分明、互动互利的有效机制，约束与激励利益相关者，促进高校自身的良性发展。坚持党委在大学治理中的领导核心地位，是完善我国大学内部治理结构必须坚持的前提和方向。2014 年 10 月，中共中央发布《关于坚持和完善普通高等学校党委领导下的校长负责制的实施意见》，明确指出："校长是学校的法定代表人，在学校党委领导下，贯彻党的教育方针，组织实施学校党委有关决议，行使高等教育法等规定的各项职权，全面负责教学、科研、行政管理工作。"可以说，实行党委领导下的校长负责制，是中国特色现代大学制度的核心。另一方面，高校法人治理中要注意厘清高校党委与学校董事会之间的关系。《中国共产党普通高等学校基层组织工作条例》规定，高校党委的领导作用是通过党委的领导核心、政治核心作用，基层党组织的监督保证作用和战斗堡垒作用，以及各级党员领导干部执行党的路线、方针、政策，充分发挥共产党员在各自岗位上的先锋模范作用来实现的。正确处理好党委领导与校长负责之间的关系，是建立健全大学法人治理结构的关键。党委领导与校长负责之间是领导与被领导关系，在党委领导下行使职权，是确立党对高校领导的组织和制度保证。它是保证高校社会主义办学方向、培养德智体美全面发展的社会主义事业建设者和接班人的根本制度。高校要充分发挥校长在依法行政中的指挥作用，确保教学、科研和行政管理等任务的完成。在此基础上，结合我国高校实际，高校党委可作为国家意志的代表进入董事会，但它不应参与高校的治理和管理。党委通过社会主义核心价值观、学校办学的国家意志性、董事会重大决策等行使监督权和否决权，通过提名教师董事、学生董事和社会董事候选人来实现。高职院校亦应在保持中国特色的现代大学制度、优化大学法人治理方面有所作为。

四、利益相关理论

高校治理模式取决于所处时期的经济体制、政治体制及其自身发展阶段等多种因素。李福华、胡赤弟、张婕等国内外学者对高校治理模式进行了研究，认为利益相关者理论已经成为研究高等教育治理的基础性方法之一，该理论在高校治理中的运用有助于正确梳理学校、社会、政府、企业、学生、家长等各方之间的利益关系，促使形成高校的核心竞争力，充分体现高校具有的社会属性与理应承担的社会责任。

（一）利益相关者理论的内容

“利益相关者”是一个外来词汇，其英文名为“stakeholders”，是西方经济学家在研究公司治理时提出的一个理论。20 世纪 60 年代以后，随着对公司治理研究的不断深入，利益相关者理论也逐渐应用到企业的社会责任等方面。西方经济学家开始对“利益相关者”进行尝试性的界定。1963 年，美国斯坦福研究所的一些学者首次明确提出“利益相关者”理论（stakeholder Theory）并将其定义为：对企业来说存在这样一些利益群体，如果没有他们的支持，企业就无法生存。他们认为“利益相关者”与“股东”对应，是指所有与企业密切相关的利益群体。之后的一些定义随着社会经济的发展有着不同层次的变化。

现在，利益相关者理论可以定义为：所有受到企业经营活动直接或间接影响的客体（如企业的股东、债权人、雇员、消费者、供应商等），都有权对参与企业的决策与管理，企业是多个利益者的结合体，当然所有利益者得益之前都承担着相应的风险。利益相关者理论的内涵虽一直有所外延，但几乎都限定在经济学的框架内。

1965年，经济学家安索夫指出“要制定理想的企业目标，必须综合考虑企业的诸多利益相关者之间相互冲突的索求权，包括管理人员、工人、股东、供应商以及顾客”，这标示着“利益相关者”第一次被指明了包括哪类人员。[①]随着诸多学者的深入研究，“利益相关者”形成了比较完善的理论框架，成为一个独立的理论分支。

1984年，美国经济学家弗里曼（Freeman）给出了一个广义的利益相关者定义，他认为利益相关者是“那些能够影响企业目标实现，或者能够被企业实现目标的过程影响的任何个人和群体”。“任何”一词极大地扩展了利益相关者的外延。按照他的界定，网络群体、慈善机构、新闻传媒、当地社区、政府部门、环保主义者等都有可能纳入利益相关者管理的研究范畴，其理论研究也有了与其他（诸如新闻学、心理学、社会学甚至文学、生物科学等）学科交叉研究的可能，大大扩展了利益相关者的内涵。然而，这样“放之四海而皆准”的定义有着泛化的倾向，在实际研究和实践领域内实用性不强，推广相当困难。20世纪80年代末90年代初，随着经济的高速发展，经济全球化时代的到来，企业间的竞争愈加激烈，公司治理问题和企业的社会责任感问题等也引起了社会的普遍关注，“利益相关者理论”向传统的公司治理理论发起了挑战。传统的公司治理理论认为：①股东应该拥有控制权；②管理者负有单独服务于股东利益的信托责任；③企业的目标应该是最大化股东的财富。而“利益相关者”理论却主张：①所有受企业影响的利益相关者都有参与企业决策的权利；②管理者负有服务于所有利益相关者利益的信托责任；③企业的目标应该是促进所有相关者的利益而不仅仅是股东的利益。“利益相关者”理论认为，受公司利益影响的不仅仅是出资人，还包括所有利益相关者。另外，公司治理的目标应是满足多方利益相关者的不同要求，关注公司

[①] 李洋，王辉．利益相关者理论的动态发展与启示[J]现代财经，2004（7）：33．

经营所造成的社会经济和政治影响，使各利益相关者都能参与公司治理，公司决策由各利益相关者合力参与、共同决定。1997 年，美国学者米切尔（Mitchell）在详细研究了利益相关者理论产生和发展历史的基础上，提出了一种属性评分法以界定利益相关者。他认为企业的利益相关者可以细分为确定型、预期性和潜在型三类。这种多面细分法的提出能够提高利益相关者理论的可操作性，有助于其推广运用。此后，随着世界经济的迅猛发展以及经济全球化，世界经济格局发生变化，企业间的竞争加剧，公司治理逐渐成为人们关注的焦点。利益相关者理论也在这样的背景下在经济学领域内蓬勃发展。随着理论研究的深入，利益相关者理论也逐渐被用在包括教育在内的诸多领域，其理论的实用性与生命活力得到彰显。利益相关者就是所有利益相关方都参与决策，并且能为企业带来一定的利润、承担相关责任的组织。大学就是这样一个组织，利益相关者为大学的治理奠定了一定的理论基础。

随着大学治理问题研究的深入和各利益相关主体权利意识的强化，大学利益相关者问题也逐渐开始被学者广泛关注，美国经济学家亨利·罗索夫将利益相关者理论应用到高等教育领域内，认为大学是一个利益相关者组织。大学与企业不同，大学是一个非营利性组织。虽然也有出资者，但没有严格意义上的股东，也不单纯地追求经济利益最大化，不是为某个单一体而服务的，所以大学是一个典型的利益相关者组织。大学应该怎样进行治理？谁来治理？治理些什么？实际上是探讨大学内部与外部的一个关键维度的问题。这其实也是对利益相关者进行理性分析的一个关键性问题。利益相关者有些什么人或者是什么样的组织、从事何种活动，这些都是值得各教育工作者深思与借鉴的深刻问题。

（二）高职院校的利益相关者分析

利益相关者理论虽然开始是为企业服务的，但该理论的推广逐步扩大了它的使用范围。高职院校虽然不是营利性企业，没有利润可言，但学校有很多的利益相关者，如校长、学校行政管理者、教师、学生、政府、企业、学生家长和校友等。究竟谁是高职院校建设的利益相关者？目前界定方法有很多种，比较典型的是米切尔提出的评分法。借鉴米切尔的利益相关者界定理论，结合高职院校运行与发展的实际情况，根据众多利益相关群体在高等职业教育中的参与程度和方式，国内学者尹晓敏将利益相关者分为核心利益相关者、重要利益相关者、间接利益相关者和边缘利益相关者。这种界定方法对高职语境下利益相关者的考察是非常适当的。

1. 核心利益相关者

这包括四个方面：一是学生。"学生是大学存在的理由，没有学生就没有大学"。大学生只要选择了某所大学，将终生成为该所大学的利益相关者。过去教师是院校最主要的人力资源，学生成为院校和教师被动加工的产品。现在学生已经成为院校可持续发展的重要资源，学生的职业素质与适应工作岗位的能力是教师成就的直接标志。对学生而言，所学专业是否适应社会发展需要，会直接影响到未来的就业情况，所学课程的内容与方法和学生的知识增量与能力增量密切相关，如果高职院校不能在课程建设上突破学科瓶颈，课程内容不进行改革，教学方法呆板机械，就很难让学生获得与工作相关的知识和能力储备；如果院校不能给学生提供更多的实习实训机会，使学生不能进行有效的隐形学习，学生不能获得由高水平"双师结构"的师资的指导，那我们很难想象学生会因为自己所在的学校和所学专业获得高质量的就业机会，而且具有可持续的发展潜力，反之亦然。二是教师。教师虽然不是学校的所有权者，但是是学校治理中不可或缺的有机组成部分。在高职院校治理过程中，教师要参与咨询管理，获取可能的更好的薪资待遇，获取机会提高自身各方面的能力，如教学能力、沟通能力、科研能力等，获得更高层次、更大范围内的尊重。三是管理者。大学的行政人员特别是高级行政管理人员是大学政策的具体执行者，是为利益相关者服务的代理人。随着高等教育规模的扩大和复杂性程度的提高，管理高等院校日益成为一项专门工作。不但专职行政人员的人数不断增多，而且行政人员的专门化程度有所提高。当行政人员成为独立阶层时，他们也将成为具有独立利益的利益相关者，这也是高等教育的重要发展趋势之一。四是合作企业。有的观点认为，合作企业是重点利益相关者，在高职院校建设中，随着校企合作的不断深入，尤其是在产教融合的语境下，校企合作产教一体、专业建设对接一体、人才培养工学一体、技术研发共成一体，企业的话语地位和院校应当是平等的，彻底实现这种合作的企业应当作为核心利益相关者存在，这也是高等职业教育的独特之处。企业在合作过程中必然要产生投入，比如资金、设备、人力等各个方面，甚至可以说有了“部分所有权”，同时希望得到他们需要的人力资源、科学成果、社会声誉。在进行校企合作平台管理时要充分探讨在“共赢”的基础上保证企业利益的实现，这样企业才能有持续合作的动力，才能真正实现高职院校的内在价值。

2．重点利益相关者

这包括三个方面：一是校友。母校的发展意味着校友在不用支付额外费用的情况下文凭的“含金量”提高，而且也可能参与学校建设，投资获益，或是联合办学，满足其技术、人力资源等方面的需要。二是政府。学校发展，政府的财政拨款会发挥更大的效益，扩大国家的人力资本积累，促进地方经济发展，增强国家的竞争力。而对地方职能部门而言也是政绩的体现。政府通过教育政策、法律规范、教育拨款、教育评估等调控手段可实现对高职院校治理的角色转变。三是社会中介组织。社会中介组织在对院校的评估和排名，或者是获得学校的委托对学生的实习、就业情况进行调查，或是相关领域内对企业进行调研等方面起着越来越重要的作用。

3．间接利益相关者

这包括以下三个方面：一是家长。每个学生身后都是一个家庭。学生的教育利益得到了保障，家长同样是获益者，反之亦然。二是同类院校。国家开展的高职示范校建设项目和骨干校建设实现了全国和区域内的最佳实践，并对实践成果进行了不遗余力地推广，其他院校自然就成了这些成果的获益者。三是行业协会。通过高职院校建设，相关的行业协会可以放大协会的沟通、指导作用，并在培训领域获得更多的机会和收益。

4．边缘潜在利益相关者

潜在学生及其家长、社区、社会公众、媒体等都可能成为高职院校校企合作的利益相关者。如社区会从学校得到一定的利益，社区的商业会因为学校的存在显得很发达。学校的设施也会给社区居民带来好处，但学生的增多也会影响社区居民的生活质量。潜在学生及其家长会根据学校的声望来选择学校，而学校的声望与学校的管理水平有着密切的关系。社会公众和媒体同样是高职院校校企合作的边缘潜在利益相关者。近年来，高职院校凭借自身的办学特色和优势，在人才培养、专业建设、科学研究、社会服务、校园文化建设等方面逐渐得到了社会各方的认可。社会公众和媒体要营造崇尚科技创新的社会风气和氛围，大力宣传高职教育的办学成果，同时对校企合作的办学情况和合作中的各个环节进行监督，对一些违反社会道德和侵犯权益的事例予以曝光，为全民支持高职院校产教融合、校企合作创造良好的条件。

从以上的分析可以看出，高职院校建设中的利益相关者是非常多的，但是每类主体的诉求是不同的，要求高职院校对照自身的战略目标，分析自身特点和内外部环境的变化，明确各方的利益诉求，开展项目化运作，根据长短期计划进行资源整合和配置。这是一个战略管理的思路，是从长远的、全面的、发展的眼光来看待高职院校的治理，要通过清晰描述组织发展的未来蓝图、建设路径，指导组织的经营决策和运作，与社会各界建立良好的合作伙伴关系，赢得社会各方面的关注和支持，实现多方面共赢，最终实现高职院校的历史使命。.

（三）利益相关者理论的启示

我国高等教育正处于利益相关者时代，高校就是由利益相关者组成的联合机构，高校治理制度是各利益相关者之间的“契约集”，高校治理正从中央集权管理范式向利益相关者管理范式过渡，改善高校与利益相关者之间的关系是高校治理结构和管理体制改革的根本目标，其核心就是建立各利益主体间的契约关系。

1. 引入机制，建立多元主体管理框架

教育资源是所有教育活动的物质基础，教育制度具有配置教育资源的功能。高校管理是为实现学校目标而进行的教育资源优化配置行为，高校是高等教育资源的联合体，既包含学术资源与人才资源，也包含经济资源和社会资源，高校不

同于企业，其资源属性为集体所有。高校为非营利性组织，不能对学校资源及经营产生的剩余价值进行分配。任何对高校有投入的主体都应同等享有相应的资源管理及资源使用权力，不同利益主体在管理中承担不同角色，发挥不同作用，高校利益相关者共同治理是寻求一种利益相关者参与共同决策和相互制衡的机制；要改变现有的行政主管部门对高校全权管理的方式，引入利益相关者实施高校多元主体治理，成立利益相关者治理委员会（董事会、理事会等），在资源配置、人事决策、财政预算、专业设置及其他事务方面参与学校决策与管理，委员会各方根据他们参与管理的权力和责任，各行其责、各得其所，实现共同治理。

大学利益相关者共同治理委员会由各利益相关者代表组成，包括政府人员、社会人士、大学行政管理人员、教授、学生等，形成党委领导下校长负责制的利益相关者共同治理委员会参与的我国大学治理新模式。在大学治理新模式下，利益相关者各自的利害关系构成了其参与治理的基础，也决定了其参与大学治理的主次地位，即确定大学治理的主体。共同治理不是盲目的分散化治理，而是有目的、有计划的协作治理。这样，教育行政部门在管理中的角色逐步由直接管理向间接调控转变，学校管理人员只是为利益相关者提供服务的代理人。

2．加强沟通，让利益相关者拥有主人心态

俗话说，心态决定状态，心态决定命运，心态决定一切，可见心态对个人的重要性。如果高职院校的利益相关者都有是学校主人的心态，那么他们对学校的发展有着推动作用。沟通的目的是增进人与人之间的交流，传达真正的爱。沟通是为了一个设定的目标，把信息、思想和情感在个人或群体间传递，并且达成共同协议的过程。加强与利益相关者的沟通是学校了解他们的利益诉求的重要手段，只有把他们提出的合理意见和建议反映到学校政策中，他们才会有被重视的心态。只有加强沟通，让他们了解学校的利益关系到每个利益相关者的利益，他们才能为学校的发展贡献力量。所以，只有加强沟通，让利益相关者怀有学校主人的心态，他们才能为学校的发展建言献策、努力工作。[①]

[①] 孟英伟，桑雷．利益相关者参与下高职院校治理改革研究[J]．职教通讯，2017（11）：4-7.

3. 强化监督，实现内外部利益相关者的相互制衡

按照治理结构，高职院校治理可以分为内部治理和外部治理。与此对应，高职院校利益相关者按照其性质也可分为内部利益相关者和外部利益相关者。高职院校内部利益相关者主要包括大学的教师、学生以及行政管理人员；而高职院校外部利益相关者主要指的是社会和政府等一些利益相关者。从利益相关者理论角度看，应该逐步加强高职院校外部利益相关者对大学的监督。随着社会的发展、高职院校体制改革的逐步深入，高职院校的办学自主权也在逐渐扩大。高职院校是一个非营利性组织，评价其管理绩效比评价企业绩效还要复杂困难。由于没有量化的评价指标，因而很难对高职院校的管理绩效进行准确又科学的判断，这时高职院校外部利益相关者的监督就起到了一定的检查和评价作用。高职院校外部利益相关者的这种检查和评价随着其参与程度的加深也就变成了一所高职院校的“名望”。当然，好的“名望”能使高职院校拥有更多的优势资源，以进一步促进其自身的发展；而一所高职院校的“名望”很差，其后果可想而知。从分权制衡的理论视角看，加强高职院校内部利益相关者之间的权力制衡是推进大学治理模式现代化的必然要求。大学内部事务所形成的两种权力——学术权力和行政权力对高职院校各种活动的开展起着巨大的作用，两者并不是各行其是、互不干涉的，而是一脉相承、不可分割的两个部分。孟德斯鸠指出：“一切有权力的人都容易滥用权力，这是万古不易的一条经验。有权力的人使用权力一直到遇见界限的地方才休止。”[①]在高职院校的治理问题上，两者在行使着自身的权利，即教授治学——学术权力和校长治校——行政权力；同时，也应该形成两个相互制约的权利主体。此外，作为学校内部利益相关者的一员，学生在参与高职院校治理时，其权利也应该被重视，应该形成行政权力、学术权力、学生权力共存，相互制衡的高职院校治理新局面。[②]

4. 实施问责，提高社会资源的使用效率

管理不仅仅指高职院校的内部管理，也包含社会对高职院校的管理。当学校

---

① 陈大兴，张媛媛. 现代大学共同治理中学生参与的研究述评[J]教育与职业，2012(26)：12-14.

② 任奉龙. 利益相关者理论视域下大学治理模式研究[J]. 教育现代化，2015（8）：42-46.

不了解能从管理者那里得到什么评价时，高职院校社会问责通常更为有效；问责即确认高职院校是否达成了既定办学目标，考察利益相关者对高职院校的投入情况。世界银行专家组使用了六个维度的参数对社会问责进行分析和评价，这六个维度是：惩罚机制与奖励机制、遵循制度机制与绩效导向机制、制度化水平、参与深度、参与者范围、问责的政府部门。[①]高职院校社会责任是高校对所有利益相关者承担的责任，对高职院校的问责可以有效维护利益相关者的实际利益，加强高职院校与社会的联系，提升公共高等教育的质量与效益。对高职院校的问责反映了高校对社会资源使用情况的准确回应，客观体现了政府部门、社会机构、个人等利益相关者对高校资源使用效果进行监督与评价的结果；反之，监督和控制的乏力，会导致机会主义行为的增长。因此，应坚持对高职院校管理的理性问责，建立高职院校问责的合法性基础，加强观念融合与共同理解，并在问责中引入更多的外部监督机制，避免参与者观念的趋同性，取得更好的问责效果。[②]

五、委托代理理论

高职院校与政府机构的关系一直困扰着高等教育理论界，其中很重要的一个原因在于缺乏一种理论分析框架。委托代理理论起初是一种经济学理论，后来被多个学科广泛引入。委托代理理论的内涵实质上是研究委托人和代理人之间的合同关系。在高职院校治理中委托代理理论有广泛的应用。高职院校治理机制引入委托代理理论，目的是深入了解高职院校治理机制的理论，提高其治理水平。

（一）委托代理理论的内容

委托代理理论起源于企业管理实践，是为了解决委托代理关系中由于信息不对称等原因所导致的委托代理问题而产生的经济理论。它是 20 世纪 30 年代美国经济学家伯利和米恩斯在洞悉企业所有者兼具经营者的做法存在着极大弊端的基础上提出的一种理论，该理论倡导所有权和经营权分离，企业所有者保留剩余索

---

① 世界银行专家组．公共部门的社会问责：理念探讨及模式分析[M]．北京：中国人民大学出版社，2007：22．

② 王荣辉，孙卫平．基于利益相关者理论的高校治理研究[J]．中国职业技术教育，2013（30）：34-37．

取权，而将经营权利让渡。所谓委托代理关系，是指一个人或一些人（委托人）委托其他人（代理人）根据委托人利益从事某些活动，并相应地授予代理人某些决策权的契约关系。在古典的“企业主企业”中，企业的所有权和实际控制权是合二为一的，不存在委托代理关系。但随着企业规模和经营范围的不断扩大、企业管理者和股东人数的不断增加，经营决策趋于专业化，越来越多的企业所有者不再直接管理企业而交由职业经理人员经营管理，这样旧有的“企业主企业”便发展成现代的公司制企业。其显著特点是所有权和实际控制权的两权分离，委托代理关系由此而产生。

委托代理不仅应用于经济学领域，还广泛存应用在于现代社会生活的其他领域，只要存在两个或两个以上人的合作性活动，就会构成委托代理关系。委托代理理论的产生需同时满足以下三个条件：一是双方存在信息不对称的关系，一方具有信息的优势，另一方处于信息的相对劣势。二是双方存在契约关系。三是双方存在潜在的利益冲突。由于委托人处于信息的劣势，代理人处于信息的优势，处于信息劣势的委托人很难对处于信息优势的代理人的活动进行全程有效的跟踪和监控，而处于信息优势的一方却会利用手中的信息优势偷懒甚至去牟取私利，进而就会不可避免地产生一系列的委托代理问题。[①]正如美国著名经济学家格里高利·曼昆所说：“如果委托人不能完全监督代理人的行为，代理人就倾向于不会像委托人期望的那样努力。”[②]因为在市场经济条件下，委托人和代理人都追求自身效用的最大化，但二者效用最大化的目标往往并不一致。委托代理问题的存在极大地影响了委托人目标的实现，针对这个问题，经济学家提出了一系列的解决办法，如制定比较完善的约束机制和激励机制就是其中最有成效的措施。[③]

（二）高职教育领域的委托代理问题

现代社会，委托代理关系存在于一切组织和合作性活动中，存在于各种组织

---

① 梁欢．委托代理理论下的高职院校师资培训管理研究[J]．学理论，2013（5）：254-255．

② 曼昆．经济学原理（下册）[M]．梁小民，译北京：机械工业出版社，2005：78．

③ 周伟，李全生．基于委托一代理理论下的中国高等教育评估问题[J]．华东经济管理，2008（12）：121-124．

的每一个管理层次上，包括高职教育的高等教育领域也不例外。《中华人民共和国高等教育法》第五条规定："高等教育的任务是培养具有创新精神和实践能力的高级专门人才，发展科学技术文化，促进社会主义现代化建设。"管理高等教育事业的行政机构主要是教育部以及省级教育主管部门，各高等学校承担具体的人才培养工作。从管理与被管理的角度来看，我国的高等教育领域存在着多层委托代理关系。首先，教育主管部门和各高等学校之间是一种委托代理关系，教育主管部门是委托人，以党委书记、校长为代表的高等学校是代理人。其次，在高等学校内部，学校和各教学院系之间、各教学院系和教师之间也形成了一定程度的委托代理关系。

鉴于作为代理者的公立高职院校大多是事业机构，其雇佣契约大部分来自政府，因此高职院校与政府机构之间签订的契约即委托代理关系与企业之间的委托代理关系是有较大差异的。一般而言，企业之间的契约关系易于观察和评价，而高职院校与政府之间的委托代理关系则较难观察、评价，其中最大的原因就在于教育效果的长期性和滞后性，一方面是难以观察契约的履行效果，另一方面是观察的结果与契约关系并不完全对应。[①]因此，评价高职院校履行契约关系的效果和成果较为困难，也较难评判高职院校校长是否达成了原定的委托代理契约的数量与质量。以前委托代理理论从经济学的视角分析大学与政府之间的委托关系就显得不适当了，这就需要我们从多个视角来分析大学与政府之间的契约关系。

在精英化教育阶段，高职院校基本没有办学自主权，高职院校的人事、财务、学科和专业设置、招生、就业等都由国家统一安排，虽然客观上存在着委托代理，但并没有形成明显的委托代理关系。随着我国高等教育管理体制改革的不断深化，尤其是高等教育大扩招以来，高职教育领域的委托代理问题日益突出，主要表现在以下两方面：第一，高等学校的领导作为国家教育行政机构的代理人，他们有利用自己掌握的本来就有限的用于提高教育教学质量的资源从事别的活动的激励，如在职高消费可以满足他们当前的消费欲望，注重政绩工程可以为他们日后

① 林培锦．论大学学术同行评议中的利益冲突——以委托代理理论为视角[J]．厦门大学学报：哲学社会科学版，2012（4）：133-140．

的升迁创造良好的条件等。同样，作为高校领导的代理人，院长、处长也存在着类似的激励。第二，在实际的教育教学过程中，教师是“传道、授业、解惑”的主力军，同企业的工人一样，是最基层的代理人。教师花费多大的精力用于自己的本职工作只有他自己最清楚，而作为“雇主”的校长、院长难以完全掌握，尤其是在现行的教育评价体系下，诸如教师重视科研、忽视教学的情况完全有可能发生。

委托代理问题主要有逆向选择和道德风险两种表现形式。逆向选择是代理人利用事前的非对称性等所进行的不利于委托人的决策选择，是人们隐蔽其“坏”的特征而出现的结果。校长对自己有清楚的认知，也了解相应的工资和福利待遇。教育主管部门对校长虽然要多重筛选才决定录用与否，但代理人的“自然”类型如工作态度、工作热情、责任感等还是很难了解，进而无法对代理人的能力水平进行量化和评估。委托人想要全面掌握代理人的信息，就需要投入大量精力、花费高昂的成本。道德风险主要是指代理人借事后信息的不对称、不确定性以及契约的不完全性而采取不利于委托人的行为。如校长在制定学校发展目标时，可能为获得较高的社会地位和声誉急功近利，违背学校发展现状；或为获得短期利益，搞与教育质量提升无关的形式主义。一旦出现这些“偷懒”行为，教育主管部门又不能在不付出代价的情况下观测到，就给代理人违背合同留下了机会。

（三）委托代理理论的启示

20 世纪 70 年代以来，西方委托代理理论发生了革命性的变化，信息理论、合同理论、激励理论等被引入委托代理理论研究中。研究重点已从过去对企业两权分离现象的描述转向所有者如何约束和激励经营者。对代理人激励约束机制的设计，体现在三个方面：其一，让代理人拥有剩余索取权，使得委托人与代理人的目标尽可能一致。其二，利用市场竞争机制约束管理者的行为，产品市场的竞争将激励管理者节约开支；经理市场的竞争使得经理人员为保持个人资本在市场上的价值而努力工作；资本市场的竞争实质上是对公司控制权的争夺，从而形成对经理的强大的间接控制压力。其三，设计有效的激励约束方案，并对经理的工作进行严格监督和准确评价，在具体操作中，有年薪制、年终红利、奖金、职务消费、送股、虚拟股票、股票期权等措施，并派生出多种激励约束模型，实证研究方法已成为当今委托代理理论中激励约束方案定制的主流。委托代理理论的新发展对提高高职院校治理水平有如下启示：

1. 建立有效的校长激励机制，解决校长的委托代理问题

校长是学校发展的灵魂，关注学校发展及其效率问题就要关注校长的激励问题。激励包括激发鼓励，以利益来诱导之意，也包括约束归化之意。我国公立学校建立有效的校长激励机制对解决委托代理问题很有必要。

第一，要满足校长的自然需要。校长是学校的领导者和管理者，虽有着比其他教职员工多的权利，但他工作仍是为了获得经济回报。校长需要关注教育教学质量的提升、学校的发展，因此对其素质的要求远超出对普通教职工的要求。相应地，要想使校长自愿付出，就要使经济报酬合理，尊重校长作为社会人的最基本性质。

第二，要满足校长的社会需要。我国公立学校的校长拥有一定的办学自主权，有利于校长充分发挥自己的才能。学校得到好的发展，校长除了有经济收益外，还会获得良好的社会声誉和社会地位。这种精神补偿使校长更加关注发展自身的才能与价值，关注领导和社会的认可和赞誉，从而更加努力地工作。

第三，要加强聘任校长的程序法建设。代理人的物质需要和精神需要得到满足后，并不意味着其对委托人会有求必应。对代理人仅依靠利益诱导还不够，必须加强对其行为的监督和约束，以降低风险，减少其机会主义行为。人有经济人性质，难以做到不求回报。因此，有必要将聘任程序严格化，合同法律化、完备化。一份程序严密、条款清晰的合同会对校长的任职标准做出明确的规定，通过这些标准，就可筛选出真正优秀的校长。如果合同对校长的行为没有明确的规定，校长没有行为依据，就很容易产生机会主义行为。第四，要建立长效契约。教育主管部门与校长之间是连续的、长期性的委托代理关系。这种条件下双方有足够的时间筛选和识别对方的信息，一旦在合同执行过程中发现代理人有不符合规定的行为，就能及时对其进行约束或惩罚，双方不断博弈。我国公立学校校长每届任期3～5年，可连任。这种长期关系会遏制校长的机会主义行为。同时，学校发展不是一蹴而就的，校长自身才能与价值的发挥不会在短时间内得到显现，校长如果想要得到良好的社会声誉和较高的社会地位，就会克服自身的短期行为，不会因一时之利而做出有损学校发展的事情。第五，建立有效的校长监督机制。在契约签订之后，委托人要对代理人的行为进行监督，从而保证代理人按委托人的意愿行事，实现委托人的利益最优。在教育主管部门与校长的关系中，校长拥有学校的管理权和领导权，如果教育主管部门没有真正负起学校资产监管之责，就会出现国家公共教育资产管理人与委托人之间相分离的局面，从而在现实中出现所谓的委托人“缺位”现象，故应设立专门机构对校长的行为和工作业绩等进行监督检查。如学校内部设党支部、教代会、工会和校务委员会等机构监控校长的权力、行为。来自学校内部的监控往往更具约束力，校长在做出决策、采取行动时更加注重基层的意见和建议，从而规范自身行为。

2．采取措施，强化对高职院校教师道德风险问题的防范

高职院校教师的教学活动，本质上也是高职院校与教师之间建立起来的一种委托代理关系。学校（委托人）把实现人才培养目标、完成教育教学任务委托给教师（代理人）；而教师虽然在某种程度上也肩负着学生、家长和社会的委托来完成学校的教育教学任务，但最直接的还是接受学校的委托，是完成学校人才质量培养目标的代理人。在实际运行中，教师和高职院校之间往往存在信息不对称等问题，一方面，学校作为委托方，无法有效获得教师教学行为的真实信息，不能有效观察和监督教师教学工作的努力程度，现实中也确实难以掌控，且因为教师的劳动过程具有鲜明的主体性和复杂性，掌控的社会交易成本很高，因此，教师可以利用这种信息不对称和信息优势采取机会主义的“偷懒”或“搭便车”行为，损害校方利益。另一方面，一些不确定因素的存在，使得教师的努力程度与其工作回报不完全相关。因此，在工作中作为代理人的教师有可能会偏离委托人（校方）的目标，即获聘的教师有可能偷懒或不努力。总之，教师教学过程中存在“代理人追求其自身的目标，而不是最大化委托人的利润”的委托代理问题（Principal-Agent Problem）——道德风险问题。

刘朝晖认为，对高职院校教师道德风险问题的防范可采取以下对策：首先，建立明确的契约关系。高职院校与教师建立委托代理关系时，需要签订明确的契约。在契约的签订过程中，应确保双方信息的完整性、真实性和透明性，真实、完整的信息传递，是高职院校与教师委托代理关系建立的前提和基础。因此，作为委托人的高职院校，必须将自己在教学方面的各种要求明确、完整地传递给教师，如对教师备课、教案、课堂表现、考试试卷等方面的要求。契约一旦确定，双方均应按照契约履行各自相应的义务并享受相应的权利，如果一方没有履行义务，可视为违约。其次，建立健全评价、考核机制。为了增强学校的信息优势，确保教师和学校双方的信息结构相对平衡，高职院校必须对受聘的教师进行全面的考核。学校可以通过组织学生进行教学质量评价、组织专家考评组听课、学生座谈等方法，对教师的教学方法、教学能力、教学态度和教学效果以及对学生的关心度、课后辅导答疑和作业批改情况等进行全面考核，对相关信息进行整理、汇总并及时反馈给教师本人，同时建立教师的个人档案和教师资源库，以促进教师管理工作的日益制度化和规范化。再次，建立竞争、淘汰机制。根据委托代理理论，防范道德风险的重要办法就是引入竞争、淘汰机制。由于竞争、淘汰机制的缺失，教师没有解聘的压力。因此，高职院校要建立以竞争、淘汰为基础的聘任制度，让竞争贯穿教师的选拔、聘任、淘汰的整个过程。竞争、淘汰机制的引入，必然会导致一部分工作不努力的教师被解聘，而竞争、淘汰机制的存在又会对在任的教师形成一种潜在警醒，提醒在任教师必须诚实、努力工作，不能出现“搭便车”和“偷懒”的行为。接下来，建立完善的监督体系，一套完整的监督体系应该包括教学督导、教学检查和考核评价等几个部门。教学督导的主要职责是通过随机听课、评课、反馈等方式对教师的职业能力、教学态度、工作作风、工作纪律、工作方法、工作效果等方面进行督促、检查、评价和指导。教学检查和考核评价部门的主要职责是检查教师的备课教案、考试试卷以及评卷质量等，在此基础上对教师的教学工作进行综合考核并及时反馈给教师本人。同时，要建立纵向与横向交叉的监督体系。纵向的监督体系主要包括学校教务管理部门的监督和各教学院（系）的监督。教务管理部门影响面较广，监督的力度也较大，而各院（系）的监督则直接到位，效果更明显。横向监督体系主要包括学生的监督和教师同行的监督。专业一致或相近的教师同行对课程的要求比较了解，并且同行之间的评价和互相监督对教师行为也会产生一种约束力量。学生是课堂教学的直接见证人和体验者，对教师的教学方法、教学内容、教学态度以及教学效果等最有发言权，评价也相对客观和真实。因此，学校应充分重视教师同行和学生对专兼职教师的监督作用。最后，建立激励相容机制。委托代理理论认为，有效控制代理人道德风险行为的最重要方法是，委托人必须建立一套责任与利益相互影响、相互制约的加强约束和增强激励的激励相容机制。哈维茨创立的机制设计理论认为，"激励相容"就是指在市场经济中，每个理性经济人都会存在自利的一面，并且其个人行为会按自利的规则行动；如果有一种制度安排能够使行为人追求个人利益的行为正好与企业实现价值最大化的目标相一致，那么这种制度安排就是"激励相容"。设计"激励相容"机制的原则是代理人参与工作所得的净收益不低于不工作也能得到的收益，同时代理人让委托人最满意的努力水平也会给自己带来最大收益。实际上，高职院校对教师管理过程中要解决的核心问题也是一个激励相容问题。为了加强对教师道德风险行为的控制，学校可根据其综合考评情况给予一定的物质和精神激励。通过对教师的绩效考评，实行浮动等级制，采取优质优酬政策。对于教学效果好和综合评价分数高的教师，学校应在课酬标准上给予一定的涨幅空间，争取做到优质优酬，尽量使学校的整体目标与教师追求个人利益最大化的自利行为结果相吻合，从而避免因双方偏好不同带来的道德风险。此外，还可以加强对教师的人文关怀和精神激励。学校要为教师创造良好的工作环境，为其配备办公室和必要的教学用品，重视与教师的沟通交流，鼓励教师积极参加各类教学教研活动，营造相互尊重、和谐的工作氛围。

3. 完善现行的高职教育评估指标体系，促进委托代理问题的解决

在企业，人们设计了一整套解决委托代理问题的制度，主要是激励和约束机制，包括加强监督、实行效率工资制度等。解决高等教育领域的委托代理问题也需要借助企业管理实践的成功经验，采取一系列的约束和激励机制，促使相关的代理人合理配置教育资源，把工作重心转到提高教育质量上来，这个机制就是高等教育评估。借助企业领域解决委托代理问题成功的经验，结合高等教育自身的特殊规律，解决高等教育领域委托代理问题需要完善现行的评估指标体系。周伟、李全生认为高职教育评估具体要做到三点：一是评估标准要多元化。我国的普通高校由于历史背景、经济条件等多方面的原因，差异很大，如政府年投入上亿元的高校与边远地区年投入不足几百万元的高校，前者轻而易举就能达到某些评估标准，而后者费尽九牛二虎之力也未必能达到。因此，多元化的评估标准才能更好地发挥评估的激励和监督作用。就评估指标的设立而言，应以学校的隶属关系、投资来源以及学校在社会中的地位为依据而有所区别。二是评估主体要社会化。高职教育人才培养的质量如何，最终是用人单位和社会说了算，因此，用社会的相关指标去评价一所学校的办学水平是理所当然的，也是充分发挥社会对高等学校的监督职能的重要举措。积极鼓励行业协会等社会团体参与高等教育评估是其中的首要环节。要与行业协会合作，逐步开展并扩大高等学校专业教学评估工作，逐步探索建立将专业评估与专业认证、职业资格证书相结合的质量保障体系。专业评估工作量大面广，而且行业性较强，需要动员各行业协会、专业学会等社会组织参与，共同开展好专业教学评估工作。不仅如此，充分发挥用人单位的积极性也是其中的重要一环。学生在工作中体现出来的综合素质如何，直接说明了学校的培养质量，用人单位的评估对高校日后的人才培养具有很好的启发作用，因此，在高等教育评估中要制定与用人单位相关的指标体系及权重。一般来说，可包括以下一些指标：敬业精神、合作精神、进取精神、知识结构、工作能力、适应能力、创新能力、写作能力、语言表达能力、心理素质等，这些与学生在学校所接受的教育是分不开的。三是学校自评要制度化。目前，我国的高等教育评估包括学校自评、专家组进校评估、整改提高三个阶段。从委托代理理论的角度来说，学校自评就是要解决好学校内部存在着的委托代理问题。学校自评制度化就是要求学校将评估纳入学校的日常管理工作中，实现“要我评”向“我要评”的转化。这有利于评估与日常工作的有机结合，使学校及时总结办学经验，找出存在的问题与不足，制定相应的整改措施，使评估的控制作用真正发挥出来；有利于向专家提供第一手的评估材料，保证了评估结果的真实性和公正性；有利于学校领导和老师把时间和精力更多地投入日常的教学和科研工作中，避免了许多高校曾经出现的在时间上前松后紧的不正常现象。学校自评制度化包括两个方面：一方面是健全教学管理制度，即针对教育部制定的评估标准，结合自己学校的工作实际，制定和完善各项规章制度；另一方面是定期评估，即学校应成立以党政一把手为首的评估小组，采取自上而下和自下而上相结合的方式，在每学年末开展一次评估工作。先由各教学单位和各职能部门根据学校制定的规章制度在学年末进行自我检查，内容可涵盖学年内的各项工作，包括教学、科研、管理等各方面，然后由学校评估小组到各部门进行监督、检查，发现问题及时纠正，最后将评估的材料整理、归档，为教育部专家组的评估提前做好准备。

第二章　高职院校治理结构的优化与建设

我国高职院校治理结构在不同的历史时期经历了不同的变化，研究高职院校治理结构现代化必须建立在高职院校历史的及现实的治理结构基础之上，在尊重历史、尊重事实的基础上推进治理结构现代化改革。当前，高职院校治理结构存在结构封闭、党政权责不清、行政权力泛化、学术权力弱化、民主参与虚化的问题。为此，提出构建开放多元的治理结构和分权制衡的权力体系的高职院校治理结构改革策略，并根据高等教育法要求和高职院校治理实际，提出以提升教育质量为核心，以推进“利益相关者共同参与的党委领导下的校长负责制”为方向的治理结构改革举措，以此形成开放多元、分权制衡的高职院校治理结构改革路径。

第一节　我国高职院校管理结构的历史演变

我国高职院校内部管理结构基本是参照大学管理结构设立，高职院校管理结构的历史演变大体可以从大学管理结构的角度进行研究。新中国成立以后我国大学管理结构的变迁，基本是围绕党委、校长、校务委员会、学术委员会之间关系变迁开展，最终形成了党委领导下的校长负责制，形成了党委领导、校长负责、教授治学、民主治校、社会参与的治理结构。

一、新中国成立后的校长负责制（1949—1955 年）

新中国成立后，我国学习“苏联模式”，全面借鉴苏联经验，在教育领域也不例外。受到当时苏联高等学校行政首长负责的“一长制”影响，赋予高等学校行政负责人很大权力。1950 年 8 月，教育部颁布了由政务院批准的《高等学校暂行规程》和《专科学校暂行规程》两个文件，规定大学及专门学院实行校（院）长负责制，并在校（院）长领导下设校务委员会。对校长职责做出了规定：“（1）代表学校；（2）领导全校（院）一切教学、研究及行政事宜；（3）领导全校（院）教师、学生、职工、工警的政治学习；（4）任免全校教师、职员、工警；（5）批准校（院）务委员会的决议。”教育部在1952年5月公布的《关于全国高等学校1952年的调整设置方案》之后，中央选派很多久经锻炼的老干部进入高职院校，以加强党对学校工作的领导。当时党委机构在行政级别上只有处级，成为“政治辅导处”，负责全校的思想政治工作。

二、党委领导下的校务委员会制（1956—1961年）

1956年苏共二十大之后，出现了“外行不能领导内行”“老干部退出学校”等政治论调。为了保证马克思主义在高职院校的思想阵地，也为了进一步加强党对学校工作的领导，中央决定把校长负责制改为党委领导下的校务委员会负责制。1958年，中共中央、国务院在《中共中央国务院关于教育工作的指示》中规定：“在一切高等学校中，应当实行学校党委领导下的校务委员会负责制。”党委领导下的校务委员会负责制中的校务委员会不同于校长负责制时期的校务委员会，后者只是一个咨询机构，成员包括正、副校长，各系主任，党委和行政的主要负责干部，教师，学生，职员及各群众组织的代表，而党委领导下的校务委员会是学校主要决策和管理机构。党委权力扩大，不再只限于思想政治工作，而是全面领导包括教育改革在内的学校各项工作。在这种体制下，学校校长的权力不明确，系主任和教研室主任等行政负责人的权力也不明确，行政领导的作用被忽视了，积极性大受影响。

三、党委领导下以校长为首的校务委员会负责制（1961—1966年）

1961年9月，《中华人民共和国教育部直属高等学校暂行工作条例（草案）》指出：“高等学校的领导制度，是党委领导下的以校长为首的校务委员会负责制。高等学校的校长，是国家任命的学校行政负责人，对外代表学校，对内主持校务委员会和学校的经常工作。设副校长若干人，协助校长分工领导教学、总务等方面的工作。根据工作的需要，可以设教务长和总务长，分管教学、总务工作。高等学校设立校务委员会，作为学校行政工作的集体领导组织。学校工作中的重大问题，应该由校长提交校务委员会讨论，做出决定，由校长负责组织执行。高等学校校务委员会由校长、副校长、党委书记、教务长、总务长、系主任、若干教授和其他必要人员组成。校务委员会的人数不宜过多，党外人士一般应该不少于三分之一。人选由校长商同学校党委员会提出名单，报请教育部批准任命。正副校长担任校务委员会的正副主任。校务委员会在校长的主持下，讨论和决定学校工作中的重大问题：学校的教学工作、生产劳动、研究生培养、科学研究、物资储备、生活管理和思想政治工作等计划；各系工作中的某些重大问题；招生计划、毕业生分配、师资培养、教师职务提升等工作；制订和修改全校性的规章制度；审查通过学校的预算、决算；其他重大事项。在校务委员会闭会期间，校长可以召集行政会议，讨论和处理学校的日常行政工作。同时提出了在高等学校中，必须加强党的领导，加强党和非党的团结合作，必须正确执行党的知识分子政策，团结一切可以团结的教授、副教授、讲师、助教和其他具有专门知识技能的人，调动一切积极因素，为社会主义的高等教育事业服务。

四、党委领导下的校长负责制（改革开放以来）

（一）试点阶段

1978 年 4 月教育部在北京召开全国教育工作会议，讨论通过了《全国普通高等学校暂行工作条例》指出，明确了学校试行党委领导下的校长分工负责制。1978 年 10 月出台的《全国重点高等学校暂行工作条例（试行草案）》提出，要在高等学校中取消校务委员会，并明确规定：“高等学校设立学术委员会。在校长或副校长领导和主持下，对学校教育事业发展规划、科学研究工作和研究生培养工作中的重大问题提出建议，审查、鉴定科学研究成果，评议研究生的毕业论文、毕业设计，参与提升教授、副教授工作的审议，主持校内学术研讨会，组织参与国内和国外学术交流活动等。”学术委员会的成立打破了教师群体在学术事务决策中的“真空”状态。1985 年《中共中央关于教育体制改革的决定》明确指出：“学校逐步实行校长负责制，有条件的学校要设立由校长主持的、人数不多、有威信的校务委员会，作为审议机构。要建立和健全以全体教师为主体的教职工代表大会制度，加强民主管理和民主监督。

学校中的党组织要从过去那种包揽一切的状态中解脱出来，把自己的精力集中到加强党的建设和加强思想政治工作上来；要团结广大师生，大力支持校长履行职权，保证和监督党的各项方针政策的落实和国家教育计划的实现；要坚持用马克思主义教育广大师生，激励他们立志为祖国的富强奋勇进取、建功立业，保证学生德智体的全面发展，使学校真正成为抵御资本主义和其他腐朽思想的侵蚀，建设社会主义精神文明的坚强阵地。

（二）全面实施阶段

经历了 1989 年风波之后，1989 年 8 月，中共中央下发了《中共中央关于加强党的建设的通知》指出：“高等院校实行党委领导下的校长负责制。试行校长负责制的范围不再扩大。已经试点而收效较好的，可以继续试验。无论实行何种领导体制，党委都是学校的政治核心，全面领导思想政治工作，管理干部，同时支持行政领导独立负责地工作，力戒包揽行政事务。要努力建设一支精干的、专兼结合的思想政治工作队伍。校党委应配备专职书记或副书记，较大的系应配备专职总支书记，年级应配备做学生工作的专职干部。1998 年 8 月 29 日，由中华人民共和国第九届全国人民代表大会常务委员会第四次会议通过、自 1999 年 1 月 1 日起施行的《中华人民共和国高等教育法》，第一次正式赋予中国大学实行党委领导下的校长负责制以法律效力，提出“国家举办的高等学校实行中国共产党高等学校基层委员会领导下的校长负责制”。其同时明确：“高等学校的校长全面负责本学校的教学、科学研究和其他行政管理工作”“高等学校设立学术委员会，审议学科、专业的设置，教学、科学研究计划方案，评定教学、科学研究成果等有关学术事项”。这是新中国成立以来第一次以教育法律的形式提出设立学术委员会，并明确其基本职责，不过学术委员会的基本职能只是作为一个咨询、审议机构，而不是决策机构。

（三）实施完善阶段

《中华人民共和国高等教育法》对党委领导下的校长负责制作了原则性规定，但在实践过程中仍然有很多问题难以界定，如党委如何领导，校长如何负责、对谁负责，二者的权力边界如何确定等问题，在法律中并没有严格而详细的规定。由此，高职院校法人治理结构改革呼声日益高涨。2010 年出台的《国家中长期教育改革和发展规划纲要（2010—2020 年）》中明确指出："完善治理结构。公办高等学校要坚持和完善党委领导下的校长负责制。健全议事规则与决策程序，依法落实党委、校长职权。完善大学校长选拔任用办法。充分发挥学术委员会在学科建设、学术评价、学术发展中的重要作用。探索教授治学的有效途径，充分发挥教授在教学、学术研究和学校管理中的作用。加强教职工代表大会、学生代表大会建设，发挥群众团体的作用。加强章程建设。各类高职院校应依法制定章程，依照章程规定管理学校。尊重学术自由，营造宽松的学术环境。全面实行聘任制度和岗位管理制度。确立科学的考核评价和激励机制。扩大社会合作。探索建立高等学校理事会或董事会，健全社会支持和监督学校发展的长效机制。探索高等学校与行业、企业密切合作共建的模式，推进高等学校与科研院所、社会团体的资源共享，形成协调合作的有效机制，提高服务经济建设和社会发展的能力。推进高职院校后勤社会化改革。推进专业评价。鼓励专门机构和社会中介机构对高等学校学科、专业、课程等水平和质量进行评估。建立科学、规范的评估制度。探索与国际高水平教育评价机构合作，形成中国特色学校评价模式。建立高等学校质量年度报告发布制度。"由此确定了未来十年高职院校领导和治理改革的方向和要点。

2013 年 11 月 12 日，中国共产党第十八届中央委员会第三次全体会议通过的《中共中央关于全面深化改革若干重大问题的决定》指出："扩大省级政府教育统筹权和学校办学自主权，完善学校治理结构。"2014 年 7 月出台的《国家教育体制改革领导小组办公室关于进一步落实和扩大高职院校办学自主权完善高职院校治理结构的意见》（教改办〔2014〕2 号）指出：要简政放权，进一步落实和扩大高职院校办学自主权。支持高职院校科学选拔学生，审核考试招生制度改革。支持高职院校调整优化学科专业，鼓励高职院校办出特色。支持高职院校自主开展教育教学活动，深化人才培养模式改革。支持高职院校自主选聘教职工，发挥各类人才的积极性创造性。支持高职院校自主开展科学研究、技术研发和社会服务。支持高职院校自主管理使用学校财产经费，提高经费使用效益。支持高职院校扩大国际合作交流，提高高等教育国际化水平。坚持权责统一，完善高职院校治理结构。坚持和完善党委领导下的校长负责制。保障学术组织相对独立行使职权。健全社会参与机制。健全以章程为统领规范行使办学自主权的制度体系。

综上，从新中国成立以来的大学管理的变迁可以看出，我国大学管理在不同的历史时期具有不同的管理特点和管理结构，在不断尝试中最终形成了党委领导下的校长负责制，形成了教授治学、民主治理和社会参与的结构。随着国家治理体系和治理能力建设，院校治理改革将不断深入，大学治理结构完善尚有很多问题亟待探索和解决。

第二节　组织理论与实践借鉴

一、组织理论

自从有了人类社会，组织也就随之诞生。现代学者认为，组织是由两个以上的人组成，为实现共同目标，以一定形式加以编制的集合体。随着社会分工日益复杂，组织种类愈加繁多，如行政组织、工商企业组织、文化教育组织等。人类对组织进行系统的研究开始于 20 世纪初，组织理论发展大致经历了传统组织理论、行为科学组织理论和系统管理理论三个阶段。

（一）传统组织理论

1. 概述

20 世纪 10—30 年代，传统组织理论盛行，着重分析组织的结构和组织管理的一般原则，研究内容主要涉及组织的目标、分工、协调、权力关系、责任、组织效率、授权、管理幅度和层次、集权和分权等。代表人物主要有提出科层制理论的马克斯·韦伯，提出一般管理理论的 H．法约尔，提出科学管理理论的 F．W．泰勒。尽管泰勒的科学管理主要适用于企业组织，但其组织管理思想深刻地影响了行政组织管理和行政理论的研究。美国学者 L．厄威克整合和传播了传统组织理论者的观点和主张，扩大了传统组织理论的影响。

2．科层制理论

经过第一次工业革命和第二次工业革命，19 世纪末 20 世纪初，人类进入了快速发展的时代，工业组织规模不断发展壮大，政府和各类社会组织也呈现出快速发展带来的现代化趋势。按照一些西方学者的说法，当时的西方世界正变成一个“组织化的社会”。在城市化、工业化的快速发展进程中，前工业时代所采纳的那种简单的社会和政治结构，已经远远不能适应现代工业社会发展的要求。一方面是新的社会环境，另一方面是旧的社会组织结构，矛盾冲突在所难免，时常发生大量社会的、政治的和经济的摩擦。在日新月异的工业社会中，在第一次世界大战前，工人罢工浪潮、工人运动和共产主义运动此起彼伏。研究和寻找新的社会组织结构，解决当下存在的因组织结构不协调而造成的社会冲突，解决人与人、组织与组织之间的冲突，成为摆在专家学者面前的一项重要课题。马克斯·韦伯的科层制理论就是在这种背景下提出来的。

马克斯·韦伯提出的科层制理论，采用的是官僚制度，整体上体现的是集权的特点，但与传统的集权又有着本质的区别，是集权与分权共生的体现，为治理理论产生奠定了一定的基础。在此起彼伏的运动和充满矛盾冲突的社会中，具有强制性的官僚制度能够为组织执行带来高效率，具有组织结构的严密性和组织行为的合理性。科层制即采用严密的层级结构制度，层级之间形成严密的关联关系，每个层级都明确相应的层级职责，层级人员能够清楚地知道自己应该干什么，不应该干什么以及当遇到问题时应该与哪个层级进行汇报、与哪个层级进行协调，本层级执行完毕应转交给哪个层级进行后续处理。严密的层级制度避免了组织之间、组织与个人之间职责不清，互相推诿的混乱现象，提高了组织执行的效率。科层制按照层层节制的原则来确保对组织及组织成员的控制，并通过组织内部的大批专业人员来对组织行为进行研判，组织形成的行政法令、决定、条例都有书面形式的规定和记录，详细而具体，具有很强的可操作性，从而保障了组织行为的理性、合理和有序。

韦伯创立科层制理论以来的半个世纪中，科层制组织的崛起已被证明是一个不可逆转的趋势，工业组织、政府机构、工会、宗教机构等一切大型的组织都经历了官僚制化的历程。在当代工业社会，科层制组织已经发展成为一种最为普遍的组织形式。

3. 传统组织理论的优势与局限

在一个组织内，如果每一个成员的一切活动都是朝着同一个整体目标，这个组织必然是有效的。为了实现整体目标，从组织的最高层到最低层，权力和责任沿着直线垂直分布，形成一个等级分明的体系。当然，组织的最高层管理者不是把所有的权力都集中在自己手中，而是将一般规范化的决策交由下级去处理，上级只保留对例外事项的决策或控制权。由此，奠定了现代管理中集权与分权的基础。在一个组织内，每个人都只能有一个直隶上司，只接受一个上司的命令，向一个主管领导负责并报告工作。在规定下级责任时，必须同时授予完成职责所必需的权限，两者权责必须相当。否则，下级就很难完成上级所赋予的任务。这也就要求上级充分授权，使下属能够顺利完成自己的任务。由于一个人的精力、时间有限，且工作性质和复杂程度亦不同，为此上级管理人员有效指挥、监督下属人员的数量必须控制在一定数量范围内。同时，一个组织要有效率，必须按专业化分工的要求，把组织划分成几个部门，选择匹配适宜的专业人员进行工作。组织内部的每一个成员在分工的基础上进行合作，协调一致地为完成共同的目标而努力工作。主管负责人把上级授予他的权职转授给下属，若下属出现问题，转授权职的人要负全部责任。在管理时要选聘有才干的人从事生产经营管理工作，并配备参谋咨询人员或设置相应的工作机构，要实行所有权与经营权分离，即管理人员不是他所管辖的那个单位的所有者。

传统组织设计强调工作效率，强调工作的专业化分工，强调严格的等级制度，因而有利于提高组织的稳定性和可控制性，也有利于组织目标的实现。但过分强调职权对被管理人员的控制作用，过分强调等级的严格性，不利于人的积极性与创造性的充分发挥，组织缺乏灵活性，而且会造成被管理者与管理者的敌对状态，使被管理者对组织持反对态度，从而阻碍组织目标的实现。

（二）行为科学组织理论

1. 概述

行为科学组织理论是一种研究组织行为和个人行为，并以人的行为为研究重点的管理理论。它是组织理论发展的一个重要阶段。该理论产生于20世纪30年代，经历了从研究人际关系到应用行为科学的发展过程。该理论一反传统组织理论的静态研究方法，着重研究人和组织活动过程，如群体和个体行为、人和组织的关系、沟通、参与、激励、领导艺术等。美国学者G．E．梅奥等主持的霍桑实验，C．I．巴纳德的均衡理论，H．A．西蒙的行政决策理论，A．H．马斯洛的需求层次理论，D．麦格雷戈的X理论、Y理论，F．赫茨伯格的双因素理论等都是具有代表性的行为科学的组织理论。

2. 主要学说

在行为科学组织理论发展过程中，出现了人际关系理论、均衡理论、行政决策理论、激励理论等对行政管理产生重大影响的学说。

（1）人际关系理论

1927—1932年，美国学者G．E．梅奥等人主持的霍桑实验开创了对组织中人际关系的研究。该实验结果指出，组织不仅是一个经济和技术结构，也是一个社会和心理结构。人不仅是传统组织理论认为的只受物质刺激、追求完善理论的“经济人”，而且是愿意合群，通过合作取得工作成果的“社会人”。决定组织工作效率的首要因素是群体士气，而不是相对重要的金钱或工作条件。霍桑实验的研究首次指出，在正式组织外还存在着非正式组织，即在正式组织中为满足人们不同的心理需求，人们自发形成的没有正式结构的群体组织。其研究旨在揭示不同于过去正式组织条件下的人际关系，揭示正式组织和非正式组织的关系，并注重研究非正式组织所起的作用。

（2）均衡理论

均衡理论是在人际关系理论出现后，由美国学者 C．I．巴纳德在《执行者的职能》中提出的一种理论。该理论把组织特性与人的特性联系起来，指出为保证组织的生存，组织应在一定条件下诱导其成员参与组织活动，对组织做出贡献。组织通过“贡献”与“诱导”之间的“平衡”来进行活动。“贡献”是组织成员工作的结果，“诱导”是组织提供给成员的刺激与满足。

组织为了得到成员必要的贡献，就必须诱导成员，使其感到能从组织中得到满足。这样，组织的管理者的重要职能就是对管理对象“进行刺激”。巴纳德认为，对组织成员来说，社会与心理刺激是第一位的，经济刺激是重要的，但是第二位的。组织若要发展，必须同时提供特殊的和一般的诱导，即精神的和物质的诱导。此外，非正式组织还能够促进正式组织的效率。

（3）行政决策理论

H．A．西蒙在 20 世纪 40 年代的《行政行为——对行政组织中决策程序的研究》中开创了对组织行政决策行为的研究。他认为情报、设计和选择三项活动构成了整个决策过程，而决策行为则是整个组织管理的中心。西蒙把决策分成可按固定程序进行的程序性决策和无先例可循的非程序性决策，并设法使后者尽可能多地变为前者。他综合社会科学和自然科学的多种成果，为组织研究提供了理论基础。西蒙还提出“行政人”的概念，认为“行政人”具有个人目标和理性，理解组织目标和理性，懂得两者之间的关系，并以此取代传统理论提倡的对事物各种情况具有绝对知识的完全理性的“经济人”概念。他认为由于人的理性受到限制（如虚假的记忆力、不正确的估算力等），不可能实现至善的完全理性。

（4）激励理论

20 世纪 40 年代，A．H．马斯洛提出了需求层次理论。他认为人的需求可分为从低到高的五个层次，依次为生理需求、安全需求、社交需求、尊重需求和自我实现需求。人在满足了一个较低层次的需求后，会追求一个较高层次的需要。F．赫茨伯格于 20 世纪 50 年代末在《工作的激励因素》中提出了双因素理论，认为在每种工作中都存在着激励因素（工作本身、工作赏识、工作进步、工作成长、工作责任、工作成就等）和保健因素（金钱、监督、地位、安全、工作环境、政策、人际关系等）。激励因素能使组织成员感到满足，具有激励作用，它使组织成员积极努力，增加工作绩效。保健因素能防止组织成员产生不满，阻止冲突发生，其维持工作的最低或及格标准。D. 麦格雷戈于 20 世纪 60 年代在《企业的人性方面》中提出了 X 理论和 Y 理论。X 理论假设人性好逸恶劳，主张采取命令、强制的管理方式；Y 理论假设人性乐于工作，主张采取参与和激励的管理方式。麦格雷戈主张 Y 理论。

3. 行为科学组织理论的优势与局限

行为科学组织理论开拓了组织研究的新领域，弥补了传统组织理论的不足，使组织理论实现了从静态研究发展到动态研究、从以研究结构为主到以研究人及其决策过程为主的变化。但有的学者认为这些理论过分注重人的因素，忽略组织结构的功能，有些论点则失之严谨和偏颇。

（三）系统管理理论

1. 概述

系统管理理论是综合早期传统组织理论和行为科学组织理论的成果，并以系统观点来分析组织的一种理论，是运用一般系统论和控制论的理论和方法，考察组织结构和管理职能，以系统解决管理问题的理论体系。其特点在于把组织看成一个系统，从系统的互相作用和系统同环境的互相作用中考察组织的生存和发展。目的是通过研究寻求组织在这种互相作用中取得平衡的方法。美国行政学家 C. I. 巴纳德首先用封闭系统的观点来考虑组织；帕森斯、卡斯特、罗森茨韦格则把组织看成一个开放系统，即组织系统除了要维持本身的平衡外，还要维持与环境的平衡。20 世纪 60 年代后又出现了权变理论。这是一种反对一般管理原则，主张相机行事的理论，其代表人物有英国的 J. 伍德沃德，美国的 P. 劳伦斯、J. 洛奇和 F. 菲德勒等。

系统管理学派的主要代表人物是弗里蒙特·卡斯特（Fremont E. Kast，1926），他是美国西雅图华盛顿大学的管理学教授。1963 年，卡斯特与理查德·约翰逊（Richard A．Johnson）、詹姆斯·罗森茨韦格（James E．Rosenzweig）共同写了《系统理论与管理》一书，这本书借助风靡当时的系统论，比较全面地阐述了系统管理的观点，成为他创立系统管理理论的奠基之作。1970 年，卡斯特和罗森茨韦格又合作出版了《组织与管理：系统方法与权变方法》一书，由此建立了系统管理理论的基本框架，同时也奠定了他们在系统管理学派中的地位。此后，系统管理理论曾一度风靡管理学界。

2．主要观点

系统管理理论的主要观点：一是组织是一个由许多子系统组成的系统。组织作为一个开放的社会技术系统，是由五个不同的分系统构成的整体，这五个分系统包括：目标与价值分系统、技术分系统、社会心理分系统、组织结构分系统、管理分系统。这五个分系统之间既相互独立，又相互作用，不可分割，从而构成一个整体。这些系统还可以继续分为更小的子系统。二是企业是由人、物资、机器和其他资源在一定的目标下组成的一体化系统，它的成长和发展同时受到这些组成要素的影响。在这些要素的相互关系中，人是主体，其他要素则是被动的。管理人员需力求保持各部分之间的动态平衡、相对稳定、一定的连续性，以便适应情况的变化，达到预期目标。同时，企业还是社会这个大系统中的一个子系统，企业预定目标的实现，不仅取决于内部条件，还取决于企业外部条件，如资源、市场、社会技术水平、法律制度等，它只有在与外部条件的相互影响中才能达到动态平衡。三是如果运用系统观点来考察管理的基本职能，可以把企业看成一个投入—产出系统，投入的是物资、劳动力和各种信息，产出的是各种产品（或服务）。运用系统观点使管理人员不至于只重视某些与自己有关的特殊职能而忽视了大目标，也不至于忽视自己在组织中的地位与作用，从而可以提高组织的整体效率。系统管理理论提出了有关整体和个体组构及其运营的观念体系：组织是人们建立起来的相互联系着的并共同运营的要素（子系统）所构成的系统；任何子系统的变化均会影响其他系统的变化；系统具有半开特性——既有自己的特性，又有与外界沟通的特性。

3. 系统管理理论意义

系统管理理论的最大长处，就是运用系统论的观点和方法，尤其是整体论思想，分析组织问题和管理行为。它以全局观点突破了片面性思维，以开放观点突破了封闭性研究，以“关系说”替代了“要素说”。在这样一种思路下，系统管理理论既注重组织内部的协调，也注重组织外部的联系，把企业内外作为一个相互联系的动态过程和有机整体；既关注组织结构，也关注管理的过程；既强调组织目标，又强调人的因素。在一定程度上，这种思维在现代管理思想的演变中具有整合性的意义。

综上，组织理论的发展过程表明了管理思想的变化和研究方法的变化，即经历了一个从注重“事”的研究到注重“人”的研究，进而发展到人与事研究并重，在方法论上则从规范研究转向实证研究。组织理论的形成和发展，是人类认识组织及其活动的规律的成果，使人们可以自觉地应用这一理论有效地管理组织，以适应人类自身的组织活动。组织理论的不足之处，在于它至今还缺乏统一的概念构架和核心内容。有些学者对组织理论是否成为一门学科还持有不同意见。

二、企业治理结构

公司治理结构又称法人治理，是一种对公司进行管理和控制的体系，是指由所有者、董事会和高级执行人员即高级经理三者组成的一种组织结构。现代企业制度区别于传统企业制度的根本点在于所有权和经营权的分离，在所有者和经营者之间形成一种相互制衡的机制，用以对企业进行管理和控制。现代企业中的公司治理结构是协调股东和利益相关者之间关系的治理机制。现代企业采取的是股份制，所有权与经营权分离，所有者与经营者之间、经营者不同集团之间的利益关系的处理直接影响到企业的效率、业绩和成败。处理好这些利益关系需要一套相应的制度，这就形成了公司治理结构理论。

公司治理结构，狭义的理解是指投资者（股东）和企业之间的利益分配和控制关系，包括公司董事会的职能、结构、股东的权利等方面的制度安排；广义地讲是指关于公司控制权和剩余索取权，即企业组织方式、控制机制和利益分配的所有法律、机构、制度和文化的安排。从广义上界定的不仅是所有者与企业的关系，而且包括相关利益集团（管理者、员工、客户、供货商、所在社区等）之间的关系。公司治理结构的内容由一系列契约规定。这些契约包括正式契约和非正式契约两种。正式契约包括政府颁布的适用于所有企业的法律，如公司法、破产法、劳动法等，也包括企业自己的正式规定，如公司章程以及各种合同。非正式契约指由文化、社会习惯而形成的行为规范。这些规范没有具体化为成文的合同，从而不具有法律上的强制性，却在实实在在地起作用。公司治理结构决定企业为谁服务、由谁控制，风险和利益如何在各个利益集团中分配等一系列根本性问题。

（一）基本构成

股东（大）会由全体股东组成，是公司的最高权力机构和最高决策机构。公司内设机构由董事会、监事会和总经理组成，分别履行公司战略决策职能、纪律监督职能和经营管理职能，在遵照职权相互制衡的前提下，客观、公正、专业地开展公司治理，对股东（大）会负责，以维护和争取公司实现最佳的经营业绩。董事会是股东（大）会闭会期间的办事机构。股东（大）会、董事会和监事会皆以形成决议的方式履行职能，总经理则以行政决定和执行力予以履行职能。

股东（大）会是公司价值聚焦“顶点”，为了维护和争取公司实现最佳经营业绩，公司价值投射向董事会、总经理和监事会三个利益“角位点”，此三个利益“角位点”相互制衡形成“三角形”；“顶点”和“三角形”构成“锥形体”，这是公司治理结构的标准模型，如图 2-1 所示。股东判定公司的安全性和成长性基准是董事会、总经理和监事会三个利益“角位点”不可以重合或者处于同一直线，更不得与“顶点”重合或处于同一平面；一旦出现这些状况，表示该公司处于特定时期或危机状态。董事会、总经理和监事会需要根据各自利益趋向争取权力和最大利益，“三角形”版图面积逐渐变大，这也正是企业实力不断增强的体现，否则结果正好相反。“三角形”和“顶点”构成“锥形”的高度，体现了企业发展战略的高度，“锥形”的体积体现了企业的市场竞争力[①]。

---

① 朱长春．公司治理标准：第一集[M]．北京：清华大学出版社，2014：54．

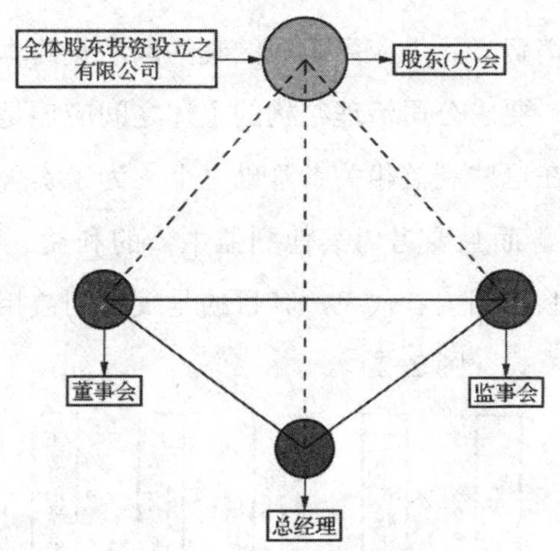

图 2-1　公司治理结构基准图

（二）两种模式

现代公司治理结构通常有英美模式、日本欧洲大陆模式两种模式。

1．英美模式

英美重视个人主义的不同思想，在企业中的组织是以平等的个人契约为基础。股份有限公司制度在股东的治理下运营，这种模式可被称为“股东治理”模式。它的特点是公司的目标仅为股东利益服务，其财务目标即股东利益最大化。在“股东治理”模式下，股东作为物质资本的投入者，享受着至高无上的权力。它可以通过建立对经营者行为进行激励和约束的机制，使其为实现股东利益最大化而努力工作。但是，由于经营者有着不同于所有者的利益主体，在所有权与控制权分离的情况下，经营者有控制企业的权力。在这种情况下，若信息非对称，经营者会通过增加消费性支出来损害所有者利益。至于债权人、企业职工及其他利益相关者会因不直接参与或控制企业经营和管理，其权益也必然受到一定的侵害，这就为经营者谋求个人利益最大化创造了条件。

2．日本欧洲大陆模式

日本和欧洲大陆尊重人和，在企业的经营中，提倡集体主义，注重劳资的协调，与英美形成鲜明对比。在现代市场经济条件下，企业的目标并非唯一地追求股东利益的最大化。企业的本质是系列契约关系的总和，是由企业所有者、经营者、债权人、职工、消费者、供应商组成的契约网。契约本身所内含的各利益主体的平等化和独立化，要求公司治理结构的主体之间应该是平等、独立的关系，企业的效率就是建立在这些利益相关者基础之上。为了实现企业整体效率，企业不仅要重视股东利益，而且要考虑其他利益主体的利益。在董事会、监事会当中，要有股东以外的利益相关者代表，其目的是发挥利益相关者的作用。这种模式可被称为共同治理模式（图 2-2）。

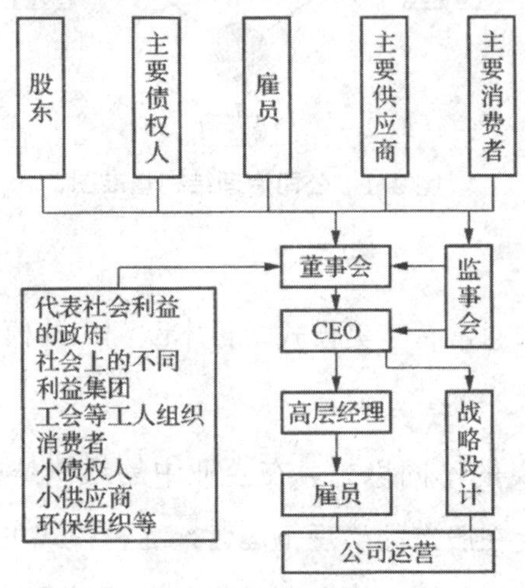

图 2-2　共同治理的公司治理架构

该模式认为，大型公司是社会机构而不是私人合约的产物，公司董事会应看作公司有形和无形资产的受托人，职责是使在其控制下的公司资产价值得到保护和不断增长，并使资产在不同的相关利益者之间得到均衡的分配，受托人不仅应考虑现有股东的利益，而且应平衡现在和将来相关利益者的利益。公司治理更强调共同治理的治理模式，共同治理的突出特点是强调各种利益相关者对公司治理的广泛参与，从而彻底改变了单边治理的治理方式。

3. 模式比较

两种模式的比较如表 2-1 所示：从公司目标看，股东至上主义追求的是股东利益最大化，利益相关者理论追求的是公司价值最大化。从公司治理模式看，股东至上主义是委托人模式，利益相关者理论是受托人模式。从公司治理的主要问题看，股东至上主义是董事会结构，利益相关者理论是更广泛意义上的结构的有机整合。从治理方式看，股东至上主义是单边治理，利益相关者理论是共同治理。

表 2-1　股东至上主义与相关利益者理论的比较

现代公司治理结构两种模式	公司目标	公司治理模式	公司治理的主要问题	治理方式
股东至上主义	股东利益最大化	委托人模式	董事会结构	单边治理
利益者相关理论	价值最大化	托人模式	更广泛意义上的结构的有机整合	共同治理

三、事业单位法人治理结构

事业单位法人治理结构，是指提供公益服务的事业单位，以依法独立运作、自我管理和承担职责，实现事业单位宗旨和职责为目标，各利益相关方共同参与治理的组织架构与运行机制等相关制度安排。

（一）基本架构

事业单位法人治理结构的基本架构包括决策层和管理层。决策层是事业单位的决策与监督机构，负责对本单位的重大事项进行决策，并对管理层执行决策层决议事项的有关情况进行监督。管理层是决策层的执行机构，对决策层负责，并向决策层汇报工作。服务事项涉及公众普遍需求，承载较多公共利益，以及可以依法开展相关经营活动的事业单位，可设置监事会，作为本单位的专门监督机构，负责对本单位的财务、理事和管理层履行职责的情况进行监督。

1．决策层

事业单位法人治理结构决策层的主要组织形式是理事会，也可以探索董事会、管委会等多种形式。举办主体、投资主体单一的事业单位，一般采用理事会的组织形式。存在不同的举办主体、投资主体多元化的事业单位，也可以考虑采用董事会或者管委会的决策组织形式。具体采用何种形式，由事业单位、举办单位和同级机构编制部门商榷确定。事业单位的理事会主要由政府有关部门、举办单位、事业单位、服务对象和其他有关方面的代表组成。政府有关部门的具体范围应结合事业单位的业务情况和工作实际需要进行确定。其他有关方面的代表，指相关领域的知名人士、专家、行业代表等。直接关系人民群众切身利益的事业单位，应尽可能增加代表服务对象利益的理事人数，且本单位以外的人员担任的理事要占多数，具体比例应结合本单位实际在事业单位的章程中予以明确。事业单位的理事会成员一般为 7—11 人，为奇数。事业单位的理事会应设理事长 1 名，根据工作需要，规模比较大的理事会可设副理事长或常务理事长协助理事长开展相关工作。事业单位的理事会作为本单位的决策与监督机构，其职责权限主要包括以下几个方面：①拟定和修改本单位的章程；②拟定本单位的发展规划；③审议和决定本单位重大业务事项；④负责本单位管理人员的任免或任免提名；⑤审议和批准本单位的财务预决算；⑥审议和批准内部职工的收入分配方案；⑦监督管理层执行理事会决议；⑧拟订单位合并、分设、变更、解散的方案；⑨法律法规和本单位章程规定的其他工作。事业单位理事的具体产生办法应在本单位章程中予以明确。一般而言，代表政府部门或者相关组织的理事由政府部门或者相关组织委派，代表服务对象和其他利益相关方的理事原则上由服务对象群体和其他利益相关方群体推选产生，事业单位党组织负责人、行政负责人以及其他管理岗位负责人可以确定为当然的理事。理事成员应报主管部门和同级机构编制部门备案，并由主管部门颁发聘书。一般而言，理事长原则上由举办单位分管领导兼任，具体产生办法、方式应在事业单位章程中予以明确。

2．管理层

事业单位的管理层由行政负责人及其他主要管理人员组成。管理层的职责主要体现在：①拟定业务活动计划；②组织开展业务活动；③管理本单位财务和资产；④向理事会提出一般管理人员的任免建议；⑤负责一般工作人员的聘任和管理；⑥执行理事会的其他决议。管理层实行行政负责人负责制，由行政负责人就管理层的整体运作情况对理事会负责。一般情况下，行政负责人也是本单位的法定代表人。事业单位主要管理人员的任命和提名，根据不同情况可以采取不同的方式。比如，事业单位行政负责人等主要管理人员可以由理事会任命或提名，并按照人事管理权限报有关部门备案或者批准。专业技术性较强的事业单位，可以选择 1—2 名行政副职领导岗位和总工程师、总经济师、总会计师等管理层岗位实行公开招聘。一般管理人员可由管理层向理事会提出任免建议，再由理事会决议任免。

3．监督层

事业单位应建立和完善决策失误追究制度、年度工作报告制度、重要信息公开制度和绩效评价制度，拓展社会公众参与事业单位管理、运作和监督的渠道。政府主管部门可以通过委派理事会成员的方式，参与事业单位的决策管理；通过参与事业单位年检、绩效评价等方式，监督事业单位的管理运作。社会公众可以通过推选代表参加理事会、事业单位重要信息公开制度等方式，对事业单位进行监督。机构编制部门可以通过绩效评价机制、章程审核备案制度、年度报告备案制度等方式对事业单位的管理运作进行监督。

（二）主要功能

开展事业单位法人治理结构工作，是进一步转变政府职能，创新体制机制的重要内容，是实现政事分开、管办分离的有效途径：一是通过明确理事会等决策层的决策地位，减少政府主管部门对事业单位的微观管理和直接管理，有利于明确事业单位的功能定位，进一步激发事业单位从业人员的积极性和主动性。二是通过吸收事业单位外部人员参加决策层，扩大参与事业单位决策和监督的人员范围，有利于进一步规范事业单位的行为，确保公益目标的实现。三是明确决策层与管理层的职责权限和运行规则，有利于进一步完善事业单位的激励约束机制，提高公益服务的质量和效益。

四、国外大学理事会制度

（一）美国大学董事会制度

大学董事会发源于美国，美国第一所高等学校哈佛大学于 1642 年把学院的事务管理权交由校外 12 名非教育行业人士组成的“校监委员会”负责，开创美国高职院校“外行”领导“内行”的传统。

美国公立大学实行董事会领导下的校长负责制。董事会是学校的最高决策与审议机构，董事会通过宏观调控实现对高职院校的治理，董事会成员主要由校外人士组成。董事会对大学享有全部的权力，主要有：①确立大学的性质、发展目标，制定大学长期和短期规划；②维护和修订大学章程；③选聘、留用和解聘校长；④审批学校固定资产和重要项目的财产的购买和出售合同；⑤审批学校的财政预算：⑥收集学校行政人员、教师、学生提出的建议并做出相应的反应；⑦评估学校行政工作的绩效；⑧建立大学的公共关系；⑨筹集大学办学资金，监督大学对捐赠款项的投资；⑩批准法定文件。美国高职院校几百年发展的历史有力地证明了这是一个行之有效的制度。大学董事会代表公众利益与教育消费者的观点，避免了高等学校忽视各行业的需求；同时，外行的组合不会以专家自居而直接干预日常校务的运作，这为大学的学术自由与学术自治提供了良好的学术生态。

美国公立大学董事会的董事主要由校外人士担任，美国大学是典型的校外人士控制模式，在哈佛大学和耶鲁大学成立之初，其董事会成员全部是公理会牧师，从而奠定了其大学董事会由外行把持的基调。以加利福尼亚大学为例，加利福尼亚大学董事会由 26 名董事组成：18 名由政府任命，任期是 12 年；1 名学生董事，由董事会任命，任期1年；7名当然董事，包括州长、副州长、州议长、州教育部长、校友会主席和副主席、校长。另外，学术委员会主席和副主席列席董事会，没有投票权。美国大学董事会成员多数为工商企业、金融界、法律界和政府的名流。美国大学董事会的董事构成无疑对美国大学走向社会，成为社会的轴心机构起着至关重要的作用，它使得大学更多地与社会发生联系，如加强与企业发展相关的科学研究，参与众多社会问题的解决，对社会发展起着发动机的作用。

（二）英国大学理事会制度

英国市立大学实行理事会领导下的校长负责制。大学理事会是市立大学的最高权力机构，在大学治理中起着决策和监督作用，拥有监督学校活动及资源使用、人事任命、财务管理等权力。如索尔福德大学理事会的权力包括：①监督大学的活动，决定大学的使命和未来的发展方向；②培育促使大学目标实现的环境和为大学政策制定和事务处理提供战略性指导（包括采纳和出版理事会主要职责声明）；③任命和调整理事会成员；④设定大学组织机构和部门、院系并赋予其相应的职能、职责和权力；⑤雇用员工和调整员工工作；⑥确保有处理员工表现、纪律、解雇、申述和学生纪律、抱怨及学术要求的政策和程序；⑦任命校长；⑧任命首席执行官副校长并监督其表现；⑨给予特定理事以理事会认为合适的特定的权力；⑩制定理事会代表大学行使职责的条例和规例；⑪提供设施以便开展必要和适宜的能够实现大学目标的活动；⑫建立和监测系统的控制和问责制度，包括财务和业务控制和风险评估制度；⑬审查和监督大学的管理和它的业绩。

英国市立大学理事会成员包括校外的代表及校内的代表。校外的代表主要为地方政府官员、商业机构的代表、其他大学的代表以及毕业生代表等；校内的代表主要为大学里的不同群体，如副校长、教授和学生等。如索尔福德大学规定，理事会成员最多 24 人，其中独立理事最多 15 人，内部理事最多 9 人，并始终确保独立理事与内部理事的比不低于 5:3。理事会主席应从独立理事中产生。其现有理事会成员 19 人：独立理事 13 人；内部理事 6 人，包括副校长、3 名教授理事（1 名由学术委员会任命，1 名由全体学术人员从学术人员中选出，1 名由非学术人员从学术人员中选出）、2 名学生理事（1 名研究生，1 名本科生）。

（三）德国大学理事会制度

德国大学实行校长负责制。校长是大学法人代表，对内对外全权代表大学行使权力，校长是大学学术委员会和其所有委员会的主席。校委会（董事会）是大学最高权力机构，对外代表大学，对内协调大学成员的合作。校委会成员由校长、副校长组成，如海德堡大学校委会有 2 名全职人员和 4 名副校长组成。2 名全职人员是校长和常务副校长，由选举产生，4 名副校长是由校长提名，由学术委员会选举产生，分别负责科学研究和组织结构、内部关系、质量发展、教育方面。

德国大学理事会是大学的监督机构。理事会的主要职能是：①提名和选举校长；②决定大学的结构和发展计划；③批准大学包括两所医学院的年度账目。其他职责包括：通过与其他大学和非大学院校的合作决议；建立、分类、修改或解散大学中的组织机构；决定成立公司和公司的持股数。德国大学理事会理事由大学外部成员和大学内部成员组成，如 2006 年巴登—符腾堡州科学部部长任命的新一届海德堡大学理事会由 11 名成员组成，即包括理事会主席在内的 6 名大学外部成员和包括副主席在内的 5 名大学内部成员。

（四）日本大学经营协议会制度

日本 2003 年公布的《国立大学法人法》规定，国立大学的运营体制是总长（校长）负责。法人组织“管理人员会”（董事会）（日语叫作“役员会”）为学校法人的最高权力机构，“经营协议会”与“教育、研究评议会”分别为学校经营事项和教育、研究事项的决策机构。“管理人员会”是日本大学最高权力机构。《国立大学法人法》第十四条规定：总长在任命理事及文部科学大臣在任命监事时，所任命的理事与监事中必须包含非该国立大学法人管理人员或职员的人员。《国立大学法人法》第十条至第十九条规定，总长对学校的重大事项做出决定之前必须经过管理人员委员会的审议．这些事项包括：①关于中期目标的意见及年度计划；②根据本法律规定必须经文部科学大臣认可或承认的有关事项；③预算的编制、执行及决算；④该国立大学、学部、学科等重要组织的设置、撤销；⑤其他役员会规定的重要事项。

在日本，大学“经营协议会”是专事审议有关国立大学法人经营重要事项的机构。《国立大学法人法》第二十条明确规定经营协议会“就国立大学经营中的重大事项加以审议”。具体审议事项有：①中期目标意见中，与国立大学法人经营相关的事项。②中期计划及年度计划中，与国立大学法人经营相关的事项。③制定或修改校规（仅限于与国立大学法人经营相关的部分内容）、会计规程、管理人员的报酬及退休金标准、员工的薪酬及退休金标准等与经营相关的重要事项。④与财务上的预算制定、使用及决算相关的事项。⑤对组织及管理状况所作的自我检查及评价加以审议。⑥其他与国立大学法人经营相关的事项。《国立大学法人法》规定，校外人士必须占“经营协议会”委员人数的 1 / 2 以上。以东京大学为例，经营协议会分为学内委员和学外委员，学内（校内）委员 12 人，学外（校外）委员 12 人。

通过美国、英国、德国和日本公立高职院校的治理比较，我们可以得出这样一些基本的结论：无论是董事会（理事会）领导下的校长负责制（美国和英国），还是校长负责制（德国和日本），均是“委员会制”与“首长制”的某种结合。同时，校外人士参与大学治理是各国大学治理的共同特征。董事会（理事会）领导下的校长负责制的大学，董事会或理事会是大学最高权力机构，在成员组成上，校外人员占多数；在实行校长负责制的大学，最高权力机构主要由校领导构成，同时还有一个校外人士占多数的理事会或经营协议会作为大学的监督审议机构。

第三节 高职院校治理结构的构建路径

根据高职院校管理结构的历史沿袭以及目前高职院校治理结构中存在的问题，在借鉴相关治理结构模式的基础上，以提升教育质量为核心，重新构建高职院校治理结构，理顺内部关系，激发全员参与的积极性，共同提升高职院校办学质量，提升高职院校服务经济社会发展的能力。

一、高职院校治理结构改革思路

（一）以提升教育质量为治理结构改革的核心

1998 年召开的世界高等教育会议就已明确强调了教育质量的重要性，并将提高教育质量列为世界高等教育改革的中心议题之一。时至今日，教育质量越来越受到重视。

1．高等教育质量生成机制与治理理论的内在契合

高等教育质量生成受到诸多因素的影响，主要包括政府管理体制机制、校

企合作成效、社会对职业教育的认知等外部因素以及学校内部体制、治理结构、制度环境等内部因素。高等教育质量生成机制与治理理论在参与主体的多元性、公共权力的分散化、治理方式的多样化、终极目标的同一性等方面有着内在的契合。

（1）参与主体的多元化

治理与管理的本质区别在于治理的“多元性”与管理的“一元性”。传统的管理是自上而下的具有典型科层制特征的一元管理，管理者既是“裁判员”又是“运动员”，既是“掌舵者”又是“划桨者”。权力集中、责权不清是管理的典型特征；喜欢大包大揽管理事务，焦头烂额、手忙脚乱是管理者的现实写照；疲于应付、唯命是从是管理者的现实困惑。“全能型”的管理不仅因挫伤了员工的积极性而造成管理乏力，而且由于管理层的权力过大导致监督失效。治理提倡参与主体的多元化，通过共同治理达成共同目标，实现共同使命。纵观国内外的发展经验，由管理走向治理是解决组织内部问题的有效途径。这与教育质量生成机制有着内在的契合，教育质量的生成不是孤立因素作用的结果，而是不同因素共同作用的结果。如果只重视管理层的因素，而忽视了教职员工的因素，必然影响教育质量的生成效果。只有认识到影响教育质量的各种因素，通过体制机制改革、制度建设、机制建设等最大限度调动各种因素的积极性，才能形成正向合力，也才能够从根本上提高教育质量。

（2）公共权力的分散化

治理的精髓在于权力的去中心化，这就要求对权力重新分配。分权不但是一种权力转移和利益的重新分配，也是一种责任与义务的转移。高职院校权力分配体现在横向分权和纵向分权两个方面。在横向上重点向学术组织、民主组织分权，在纵向上向二级院系分权，形成组织结构的扁平化、权力主体的多元化、责任和义务的全员化的格局。通过权力的重新分配，明确各权力组织的责权和义务，激发各组织的能动性，激发全员参与的积极性，这与全面质量管理的理念一致，即强调全员的广泛参与，而权力的分散化是全员广泛参与的前提和基础。建立全员参与机制，教育质量问题才能够被广泛关注，教育质量也才能够趋向最优化生成。

（3）治理方式的多样化

治理理论既强调实行正式的强制管理，也强调实行民主协商管理；既强调依法管理、按章办事，也承认非正式的协商约定。一切有利于利益相关者的治理方式都会在治理过程中使用，治理方式的多样化是治理的过程特征。在教育质量生成过程中，政治权力不再直接提供服务产品，而是负责决策和制定形成服务产品的规则；行政权力也不再直接干预教育教学和科研，而是负责执行政治权力的决策，并为决策的顺利实施提供更加有效的服务；学术权力负责教育教学和科研等方面的具体决策与实施；民主权力在过程治理中发挥监督和反馈作用。各种权力组织从不同的维度，共同服务于教学质量的生成过程。通过多样化的治理方式，实施全过程的协同管理，这与全面质量管理的全过程管理的理念一致，即要求将教育工作以及构成和影响教育工作的资源与活动都作为过程来管理，在过程管理中实施有效控制和及时反馈，以利于教育质量的改进。

（4）终极目标的同一性

各类治理主体本着利益的共同诉求，在互信、互利、相互依存、民主协商、求同存异的基础上，通过决策、执行、检查与反馈的质量循环，实施高职院校治理，其终极目标是提高学校的教育质量，包括人才培养质量、科学研究质量、社会服务质量和文化传承质量等。教育质量是亘古不变的话题，提高教育质量是学校治理永远追寻的目标。学校治理的终极目标与教育质量追寻的目标具有同一性。正是这种同一性，增强了教育质量与治理理论的内在契合，奠定了从教育质量的视角开展高职院校治理结构改革的理论基础。

2．教育质量提升满足了教育者、受教育者以及社会的愿望和需求

2010 年颁布实施的《国家中长期教育改革和发展规划纲要（2010—2020 年）》提出要“建立高等学校质量年度报告发布制度”。2011 年，39 所“985”高职院校第一次向社会公布了质量报告，此后每年各高职院校发布质量年度报告。在职业教育领域，《职业院校管理水平提升行动计划（2015—2018 年）》指出，国家中职示范（重点）学校自 2016 年起，其他中职学校自 2017 年起。每年发布质量年度报告。2016 年，教育部发布的《中国高等教育质量报告》是世界上首次发布的高等教育质量的“国家报告”。由此可见，国家、社会和学校对教育质量的关注度越来越高。

按照国际标准化组织的界说，全面质量管理是一个组织以质量为中心，以全员参与为基础，目的在于通过让顾客满意和本组织所有成员及社会受益而达到长期成功的途径。高职院校治理结构改革与全面质量管理在目标、过程、方式等方面都存在一致性。在目标方面，两者都是以质量为中心；在过程方面，两者都需要激发全员参与的积极性，围绕质量管理中的 PDCA 质量环，按照计划（P）—执行（D）—检查（C）—纠正（A）的循环，构建院校治理结构的计划与决策机构、实施与保障机构、检查与评估机构、反馈与改进机构，通过各机构权力的合理分配，实现分工明确、责权清晰、民主参与、共同管理的治理结构体系；在方式方面，两者都力图通过全员管理、全过程管理和全面管理，实现提升教育质量的目标。将提升教育质量作为院校治理结构改革的终极目标满足了教育者、受教育者以及社会的愿望和需求。

（二）以去行政化为治理改革的手段

钟秉林认为，所谓大学“行政化”，是指以官僚科层制为基本特征的行政管理在大学管理中被泛化或滥用，即把大学当作行政机构来管理，把学术事务当作行政事务来管理。这里所说的“去行政化”，即去除特指公办高职院校内部的不遵循教育教学规律和高等职业教育特点，把教育教学和科研的事务当作行政事务来处理的现象。

1. “去行政化”有助于高职院校法人主体地位的确立

事业单位是中国公益机构的主体，是提供教育、科技、文化、卫生等公益服务的重要载体。目前，事业单位管理体制不顺、运行机制不畅，是制约社会事业健康发展和公益服务有效提供的关键所在。明确政府对事业单位的管理主要是管政策、管规则、管监督，真正实现政事分开。同时，要进一步落实事业单位自主权。既要下放政府对事业单位的具体管理权限，明确事业单位独立法人地位，使事业单位自主管理微观运营事务；也要强化对事业单位的宏观管理，确保事业单位服务质量和效率不断提高，公益目标更好得以实现。要建立健全现代事业法人制度，真正确立事业单位的法人主体地位，首要的就是要对照公益性社会服务组织这一事业单位基本的职能定位，对事业单位进行全面清理，合理划分和界定行政机关和事业单位的职责。《中共中央国务院关于分类推进事业单位改革的指导意见》指出：承担高等教育、非营利医疗等公益服务，可部分由市场配置资源的，划入公益二类。对面向社会提供公益服务的事业单位，积极探索管办分离的有效实现形式，逐步取消行政级别。公办高职院校属于此列，逐步取消公益二类事业单位行政级别已经纳入改革进程。职业院校“去行政化”的目标是通过纠正由于行政权力泛化导致的不按规律办大学的路径，以科学的管理，使高职院校实现更好的发展。“去行政化”，意味着政府将还权于高职院校，高职院校作为独立的办学主体开展办学，将高职院校法人作为具有责、权、利相统一的法人主体来实施办学。

2．高职院校内部去行政化有助于打破行政垄断

事业单位企业化管理与职业院校治理都有协调各方利益，寻求更为科学的办法，提高办学效益的内容，其内涵和目标具有一致性，只不过大学治理的内涵更为宽泛，而去行政化则主要关注管理层面[①]。去行政化的管理体系打破行政垄断的格局，能够让职业院校专家、教授等专技人员更多参与到职业院校行政与决策、实施与保障、检查与监控等事务中，在质量保障体系中发挥更大的能量，为职业院校人才培养提供更有效的保障。在打破行政垄断的前提下，“去行政化”有助于内部权力之间形成合力。

当然，不能以教育去行政化取代必要的行政干预。教育行政与学校管理之间的关系是相互联系、密不可分的。首先，教育行政组织与学校教育组织之间的一般关系应是宏观指导与微观实施的关系、一般指导与具体执行的关系。“教育行政机关制定的方针政策，归根结底要通过学校教育过程来体现并得到检验，而学校的行政

---

① 黄泽龙，刘璧玉，2013．治理理论及对我国大学去行政化改革的启示[J]．黑龙江教育学院学报（8）：17-19.

管理过程也不能游离于国家之外，成为一种孤立的管理。”[①]如校长可以有权聘用教师，但必须事先向教育行政主管部门申报。得到正式的审批认可才能聘用。同理，学校预算以及经费的使用等都必须事先向教育行政主管部门进行申报。

（三）以构建有中国特色的理事会制度为治理结构改革的方向

结合组织理论、公司治理结构、事业单位法人治理结构和国外大学理事会制度的相关理论和做法，以及高职院校职业性、开放性的特点，我们认为高职院校治理结构改革不可回避利益相关者的问题，高职院校的改革与发展都与高职院校利益相关者的利益密切相关，也只有发挥利益相关者的能动性，高职院校才能取得更好的发展。为此，探索构建具有中国特色的理事会制度成为治理结构改革的方向。

1. 理事会制度改革动因

一般认为，在高职院校中存在三种主要权力，即党委的政治影响力、以校长为首的行政系统的行政权力以及以教授为核心的学术权力。如何协调这三种权力的关系？如果仅靠这三种权力自身来进行协调，很难做到合理的分权和制衡。有学者认为高职院校应该由党委来协调，但在实践中经常出现以党代政、党政不分的局面，从而削弱了行政权力和学术权力。有学者认为应该由以校长为首的行政权力来主导一切，其实这正是当下被学术界所诟病的行政化的模式。有学者认为应该由教授来治校，但我们应当看到能够搞好学术的教授未必能够治理好学校，理论与实践有相当大的差距，完全由教授来治校，其效果可能适得其反。为此，必须跳出这三种权力的争论，重新构建一种凌驾于这三种权力之上的权力来进行决策和协调三者之间的关系，让党委、行政和学术这三种权力在其之下各行其是、分工合作，我们认为这种权力应该就是理事会。2010 年，国务院办公厅下发的《关于开展国家教育体制改革试点的通知》以及《国家中长期教育改革和发展规划纲要（2010—2020 年）》等文件都指出了“要探索建立高等学校理事会或董事会”。由此可见，探索和构建理事会制度成为高职院校治理结构改革的方向和重点。

[①] 吴志宏，2000．教育行政学[M]．北京：人民教育出版社：19．

2. 如何设置理事会

理事会作为一种决策的权力机构，其权力凌驾于党委权力、行政权力和学术权力之上。有学者提出了理事会可能遇到的问题：我国高职院校实行的是党委领导下的校长负责制，设立理事会后如何保证办学方向不偏离党的方向？校长负责制如何体现？学术权力如何体现？民主监督如何开展？这些问题都是在设置理事会时必须考虑到的。为此，在设置理事会时我们应该做到以下几点：一是明确理事会与党委、行政、学术之间的关系。理事会是在学校咨询委员会基础上建立的学校发展的决策机构，主要负责听取学校发展情况汇报、审议学校发展战略、把脉学校发展方向，但不会负责学校发展的具体事务，具体事务由党委权力、行政权力和学术权力负责。二是合理设置理事会人员组成。根据高职院校的特点，基于利益相关者理论，理事会由校内外人员共同构成，校内人员包括党委、行政和学术人员以及教师和学生代表等，校外人员包括院校主办方、行业企业、社区代表、家长、杰出校友等。我们认为改革初期理事会成员校内人员比例应该大于校外人员比例，这样确保改革的稳定性，在改革过程中根据改革效果可以逐步加大校外人员比例，直至校外人员超过校内人员比例。党委人员比例应该高于行政人员比例，这样可以确保决策方向符合党的方针政策。其人员构成为：校内人员构成为党委 3 人，行政 2 人，学术 2 人，教师 1 人，学生 1 人，校内人员合计 9 人；校外人员构成为主办方 1 人，行业企业 2 人. 社区 1 人，家长 1 人，校友 1 人，校外人员合计 6 人。理事会合计成员 15 人。这样的人员规模相对比较合理，人员太多，则难以议事；人员太少，则不具备代表性。三是在设置理事会的同时要相应设置监事会。监事会是对学校办学行为进行监督与反馈的机构。监事会由校内外专业人员组成，下属机构有纪律检查委员会、审计委员会和监督委员会。纪律检查委员会的主要任务是维护党的章程和其他党内法规，检查党的路线、方针、政策和决议的执行情况，协助党的委员会加强党风建设和组织协调反腐败工作。审计委员会主要负责高职院校内外部审计的沟通、监督和核查工作，可以独立、公正、有效地评价内部控制的有效性及财务报告的可靠性并向理事会报告。监督委员会主要负责高职院校质量监督，包括教学质量监督、行政质量监督，并形成办学质量报告向理事会汇报并向社会公开发布。

3．如何保障理事会功能发挥

理事会在学校发展中起着决策作用，其决策的科学性、有效性直接影响了高职院校的办学质量。为此，必须从以下方面保障理事会功能的发挥。一是科学遴选理事会成员，无论是校内成员还是校外成员都必须有战略高度、发展视野，有时间和精力，有热心、责任心和主见真正考虑学校的利益、关心学校的发展。要建立遴选机制，特别是校内学术人员、教师和学生的遴选要通过自愿报名、考核答辩和组织考察的程序进行，真正让合适的人成为理事会成员。二是要制定理事会议事规则并严格按照议事规则开展工作，真正发挥每个成员的作用，杜绝领导至上、领导说了算的现象，让理事会真正成为利益相关者的代表性组织。

理事会制度在高职院校特别是公办高职院校改革中，尚处于尝试阶段，要在吸收和借鉴企业治理结构的基础上，根据高职院校的特点进行改革和实践，并在实践中不断总结经验，推进理事会制度的完善。

（四）以多元参与为高职院校治理结构改革的基础

我国经济学家张维迎教授指出："大学作为一个非营利性组织，是一个典型的利益相关者组织，每个人都承担一些责任，但没有任何一部分人对自己的行为负全部责任。大学里的利益相关者包括教授、校长、院长，包括行政人员，包括学生以及毕业了的校友，当然也包括我们这个社会本身（纳税人）。"[①]借鉴企业利益相关者的分类，根据利益相关者与大学的密切程度，可以把大学的利益相关者分为四个层次：第一层次是教师、学生和管理人员；第二个层次是校友和财政拨款者；第三层次是与学校有契约关系的当事人，如科研经费提供者、产学研合作者、贷款提供者等；第四层次是当地社区和社会公众等[②]。由此可见，多元参与的院校治理是利益相关者的自身诉求，在高职院校治理结构改革中考虑多元参与的因素是治理结构改革的基础。

1．政府统筹高职院校治理

作为高职院校的主办者和出资者，政府在高等教育管理中处于"同辈中的长

[①] 张维迎．大学的逻辑[M]．北京：北京大学出版社，2004：19．

[②] 李福华．利益相关者理论与大学管理体制创新[J]．教育研究（7），2007：36-39．

者”地位，因此我们在关注高职院校治理结构改革时不能忽视政府作为“元治理”的存在。当然，政府在参与高职院校治理的过程中要转变角色定位，改变权力行使的范围和权力运作的方式，即从高职院校的实际控制者转变为组织者和服务者，从“全能政府”转变为“有限政府”，从“既掌舵又划桨”转变为“只掌舵不划桨”。

2．行业企业参与高职院校治理

行业企业与高职院校有着天然的联系。高职院校既是行业企业人才的供给者、科研的合作者，又是高职院校社会服务的对象，学校的发展会给产学研合作的企业带来潜在的利益，并在一定的条件下转化为企业的直接利益。行业企业也为高职院校人才培养提供资源，为科学研究提供需求。行业企业与高职院校紧密的融合关系决定了行业企业是高职院校的有契约关系的当事人。

3．家长参与高职院校治理

家长属于学校办学的实际出资人，家长最为关注的是投入与产出的效益，即学生在校学习与未来就业之间的效益。家长也希望自己的孩子能够在有品牌、有声誉的学校就读，希望自己的孩子经过在校学习后能够有良好的就业环境和就业岗位，家长具有参与高职院校治理的潜在积极性。

4．校友参与高职院校治理

校友是学校培养出来的，正如一句口号所说“今天我以学校为荣，明天学校以我为荣”，其对学校的感情是持久的。杰出校友都希望学校越来越好，也希望自己越来越好，能够有能力回馈母校。

5．社区参与高职院校治理

社区是学校社会服务的主要对象，学校的办学能力和水平直接决定了学校的社会服务水平。同时，社区也能够为学校的社会服务提供需求和建议，促进学校社会服务水平的提升。

6．党委主导高职院校治理

党委是高职院校治理的主力，学校党委把握着学校发展的方向，是国家教育方针政策在高职院校的贯彻者。党委在高职院校治理中要发挥决策作用和监督作用，同时建立渠道，关注师生员工的思想政治工作，让党的方针政策在学校基层中得到落实。

7. 行政人员参与高职院校治理

行政人员是高职院校的核心和中坚力量，是学校政策的具体执行者，是利益相关者的代理人。作为高职院校运行的组织者、协调者和服务者，行政人员尤其是校长等高级管理人员在高职院校治理中所面临的一项艰巨的任务是怎样使高职院校以一种尊重各方利益的方式协调和处理好各方关系，以使高职院校利益最大化。

8. 教授参与高职院校治理

教授是高职院校学术力量的核心，其在高职院校的治理中发挥的作用主要包括教授治学，即掌管高职院校的学术事务和参与管理整体事务等。教授治学是指教授对高职院校重大学术问题进行决策，如学术政策、规划的制定、职称的评定、专业设置与建设等。

9. 学生参与高职院校治理

学生是高职院校存在的理由，学生对高职院校具有重要的意义。为此，高职院校改革必须以学生为基础，而不是以教师或知识为基础。重视学生的参与、重视学生的需求是高职院校治理改革必须考虑的重要问题。要建立学生参与反馈和评价的渠道，如建立学生信息员制度，通过学生信息员收集学生对学校的意见和建议，让学校的改革和发展满足学生的需求，为人才培养提供更为良好的环境。

综上，每一个利益相关者团体对高职院校的发展都具有重要的意义，通过建立相应机制，发挥每个利益相关者的能动性，将促进高职院校的发展与利益相关者的要求一致、与社会对高职院校的要求一致，实现高职院校办学能力和水平的提升。

（五）以权力分配为改革的切入点

管理的典型特征是集权，而治理的典型特征是分权，管理和治理是两种截然不同的思维模式。治理的出发点在于打破行政权力的中心，通过利益相关者的共同参与，形成多中心的权力机构。利益相关者有参与的权利和途径，也必须承担与权利相匹配的义务。为此，院校治理结构改革要从权力的分配切入，对原本集中的行政权力进行合理分配，激发全员参与的积极性，构建利益相关者共同治理的治理结构。

1．分权的必要性

新中国成立以来，公立高职院校的管理体制经历了不同的变化，如从“大学及专门学院采取校（院）长负责制”到“党委领导下的以校长为首的校务委员会负责制”，再到“党委领导下的校长分工负责制”，最后到“国家举办的高等学校实行中国共产党高等学校基层委员会领导下的校长负责制”。其间，第一要义提出了以党委领导为指导地位的政治权力。高职院校行政机构和行政人员履行管理的权力是行政权力，具有“科层化”特征。它以效率为目标，以严格的等级制度为依托，是一种制度化的权力。其作用方式是通过指示、指令、决议等，以自上而下的途径贯彻执行，以一定的强制性确保高职院校运行机制正常进行。高等教育管理系统各个层次的管理机构和人员所享有的高等教育管理权力被称为学术权力。学术权力被划分为扎根于学科的权力、院校权力和系统权力①，是专家学者依据其学术水平和学术能力，对学术事务和学术活动施加影响和干预的力量。政治权力、行政权力与学术权力之间相互影响、相互制约，以对立统一的形式存在。政治权力在公立高职院校权力体系中居于政治主导地位，行政权力和学术权力要服从政治权力；行政权力是由上而下逐级进行的，在高职院校权力系统中处于管理主导地位；学术权力是大学核心和内在逻辑的基本体现。学术权力发挥的目的在于求得学科发展，创造学术自由的氛围，提高大学的水平。三种权力在实际运行过程中会出现矛盾的一面，如何将三权的对立转为统一，是高职院校内部权力治理机制必须解决的问题。

2．分权的原则

第一，遵循管理权力重心下移、权力相对分散的原则。分权不但是一种权力

---

① 克拉克．高等教育系统：学术组织的跨国研究[M]．王承绪，等译．杭州：杭州大学出版社：1994：34.

转移和利益的重新分配，也是一种责任与义务的转移[①]。公立高职院校内部权力管理体制的管理权限应该采取由上至下逐渐下放的模式及由体制内向体制外转移的趋势。第二，遵循政治权力、行政权力与学术权力相分离的原则。三权既要相互独立，又要相互协调，共同解决三者之间的对立和冲突，实现三者的协调和统一。第三，继续倡导学术自由、学术自治、学术中立的“三A原则”。“三A原则”在大学基层学术组织中最为适用，它们与大学基层学术权力密切相关。学术活动的探究性、自由性、自主性、科学性的特点，从本质上规定了大学必须是一个充分自由与自主的机构。大学理应是新知识、新思想、新文化的发源地，是科学技术的源泉，是社会发展的动力源。大学要充分发挥其学术自由，成为学者自由探求真理、学术自由成长的场所。

3．如何分权

权力分配可以从横向分权和纵向分权两个方面开展。在横向分权方面，一是政治权力向行政权力分权，即以党委为代表的政治权力向以校长为代表的行政权力分权。我国高等院校实行的是“党委领导下的校长负责制”，这已经明确表明了党委和行政之间的关系，党委主要是领导和决策作用，行政是在党委的领导下负责决策的实施。在一些高职院校，党委和行政的关系比较微妙，根源在于两者的责权不清，政治权力往往替代行政权力，而行政权力往往又僭越政治权力。从治理的角度看，党委在决策时要充分征求行政的意见，以免决策与实施脱节；行政在决策实施时需要拥有一定的自主权，创造性地开展工作。二是行政权力向学术权力、民主权力分权。在行政权力和学术权力之间的关系方面，行政权力要改变大包大揽的常规做法，明确各自的职责，让渡学科专业建设、学术研究等方面的决策权；在行政权力和民主权力之间的关系方面，行政权力要让渡监督权，重视原本忽视或者不够重视的民主监督环节，充分尊重民主权力的监督反馈作用，充分落实反馈意见和建议。在纵向分权方面，要注重权力的下放，在科学设置院系的基础上，权力向二级院系下移，强化院系的教育与管理的职责和职能。同

[①] 千恩华．美国大学学术管弹体制改革研究：一个治理的视角[J]．研究与发展管理（4），2004：108-113．

时，行政权力要向其他基层的利益相关者组织下移，发挥基层组织的能动作用。在横向分权和纵向分权的基础上，构建立体化的治理结构体系。

（六）以权力制衡为改革的立足点

分权制衡是被西方国家普遍运用在政治体制和其他国家管理活动中的重要法理。分权制衡的要义在于权力制衡。权力制衡，是指在公共政治权力内部或者外部，存在着与权力主体相抗衡的力量，这些力量表现为一定的社会主体，包括个人、群体、机构和组织等，他们在权力主体行使过程中，对权力施以监督和制约，确保权力在运行中保持正常、廉洁、有序、高效等。并且使国家各部分权力在运行中保持总体平衡。这些制衡有利于保证社会公正合理的发展方向，以及社会整体目标的实现。高职院校治理结构改革既要合理分配权力，又要让各种权力相互制约，以利益相关者的共同利益为目的，逐步达到权力制衡的局面。在制衡的治理结构中，行政权力不再泛化、学术权力不再弱化、民主权力也不再虚化。各种权力，各司其职，各尽所能，共同服从和服务于利益相关者的共同利益，即教育质量的提升。

1．行政权力与学术权力之间的制衡

这里的行政权力包括高职院校党委和行政的权力。在行政权力内部，要协调党政关系，既要贯彻执行党和国家的路线方针政策，又要结合高职院校自身的工作实际，寻求党政权力的协调和制衡。在行政权力与学术权力之间，既要避免行政权力对学术权力的过度干预，保证学术权力的独立性，同时也要避免学术权力僭越行政权力，造成对行政的干预。这就需要协调行政权力与学术权力之间的制衡关系，既保障双方的独立性，又要保障双方在工作上领导与被领导关系。

2．其他各种权力之间的制衡

厘清高职院校内部各种权力的分类归属及其边界，避免职能交叉，权责不清，形成良好的权力制衡与监督的运行机制。传统的高职院校管理之所以产生领导权力膨胀、民主利益受到压制、基层自主权缺乏等弊端，权力制衡缺乏是一个重要原因。要解决这些弊端须让权力之间、利益之间、职能之间、上下级之间形成相互牵

制、相互监督的关系，做到权力分散而不乱，权力集中而不专制。权力之所以被称为权力，根本原因在于它的独占性，利益之所以重要，根本原因在于它的稀缺性。让独占的权力和稀缺的利益在高职院校进行多元配置，让独占的权力变得不可能，这就会使得利益受到牵制。如决策制定、决策执行和决策反馈等流程都应该受到监督，校务公开透明，让“暗箱操作”成为不可能，只有这样才能最大限度遏制公权力的异化，避免权力部门之间因争权夺利造成高职院校整体利益受损。

（七）以制度完善为改革的归宿点

“把权力关进制度的笼子”，制度是权力得以规范的保障。加强制度建设才能够巩固高职院校治理结构改革的成果，制度建设和完善是治理改革的归宿点。高职院校制度建设以章程为核心，以各类具体的规章制度为准则。章程是高职院校的“基本法”，也是各类规章制度建设的基础。以章程为核心的各类规章制度是一切办学活动的指南。章程建设要体现学校的个性，符合利益相关者的共同利益，在明确大学的治理结构、管理模式，落实治理主体间的权力关系的基础上，健全各项管理规章制度与决策程序，并充分接受利益相关者的广泛参与和监督。

二、高职院校治理结构改革策略

高职院校治理结构改革思路主要围绕两大方面进行：一是要构建“开放多元”的治理结构；二是要构建“分权制衡”的权力体系。

（一）构建“开放多元”的治理结构

“开放多元”的治理结构包括开放的治理结构和多元的治理主体两个层面。“开放”是为了有更“多元”的主体参与治理，“多元”则体现出了“开放”的特征，也是“开放”的结果，两者相辅相成。

1. 开放的治理结构

治理本身就是由封闭的管理走向开放的治理的过程，开放是治理的本质要求。高职院校开放的治理结构包括向外部开放和向内部开放两个方向。一方面是向外部开放，即高职院校治理向企业和社会开放，吸纳企业和社会力量参与院校治理。

高职院校与企业和社会接触紧密，特别是在产教融合的大背景下，学校和企业之间、产业与教育之间形成了融合发展的关系，企业也已成为重要的办学主体，职业教育发展成为院校和企业共同关心的话题。高职院校治理向企业开放，既有助于吸纳企业的发展意见和建议，也有助于共享企业的资源，还有助于高职院校资源的输出，院校与企业相互促进、相得益彰。高职院校除了向企业开放之外，还要向社区、家长、校友、媒体等开放，这是职业教育与社会互动发展的必然，也是高职院校服务社会的使命。高职院校要主动构建社会参与院校治理的平台，打通院校和企业、社会互动发展的通道。另一方面是向内部开放。党委、校长、教授、民主力量是院校治理的几类重要主体，从治理的角度看，这几类主体共同服务于高职院校的发展。在由管理走向治理的过程中，要求内部主体之间相互沟通，形成院校治理的“质量环”。这就要求：一是决策层向执行层开放，即党委的决策过程向校长等行政权力开放，涉及“三重一大”项目，要领导班子共同决策，同时在决策前要充分征求意见，确保决策的科学性。二是执行层向民主层开放，即校长等行政权力的行政事务向广大教职工和学生开放，做到校务公开，维护广大民主力量的知情权和监督权。三是民主层之间的开放。在治理的过程中，形成了各类具有协商和决策职能的民主机构，如教学工作委员会、校企合作工作委员会、学生自治委员会等，这些民主机构要做到每次会议形成会议纪要，并将之公开发布，让高职院校内部相关人员了解协商与决策情况，接受监督。四是民主层向决策层反馈。民主层在民主参与、民主监督过程中形成了代表广大民主力量的意见和建议，这些意见和建议通过民主反馈的途径和通道，被及时反馈给决策层，有利于决策趋向科学合理。

2．多元的治理主体

治理要求从“一元管理”走向“多元治理”，在治理结构开放的前提下，院校治理要改变以往自上而下的单向管理，形成多元主体参与的共同治理。一是要注重发挥企业及社会力量的作用。从大学功能的角度看，高职院校有为经济社会发展培养专门人才，开展满足行业企业需求的应用性科学研究，为社会提供培训、技术研发等服务以及开展传统文化和现代企业文化传承的功能。要实现高职院校的功能，高职院校必须充分借助于企业及社会的力量，为学校发展提供决策咨询、提供人才培养及实践的岗位、为科学研究提供研究需求、为文化传承提供源头活水。这就要求高职院校要将企业及社会力量作为重要的治理主体，吸纳企业及社会中具有代表性的人员参加学校的决策咨询机构，如成立董事会、理事会等机构，充分发挥其应有的作用。二是要注重发挥学术力量的作用。教授等学术力量要在科学研究、专业建设、课程改革等方面具有引领作用，高职院校要通过构建以各类专业委员会为核心的学术组织，为学术力量作用的发挥搭建平台。三是要注重发挥民主力量的作用。高职院校的民主力量包括广大教职工和学生，高职院校要将教职工和学生视为重要的治理参与主体，充分利用教职工代表大会、工会、学生代表大会等各类民主性的议事组织，发挥其监督与反馈作用。

（二）构建分权制衡的权力体系

权力的分配与相互制约是相辅相成的两个方面，分权制衡的权力体系包括“分权”和“制衡”两个方面。“分权”是治理的核心要求，由中央集权向地方分权，由组织集权向民主分权，由个人集权向大众分权，这些都是分权的基本要求和具体体现。在分权的同时，要处理好权力之间的制衡关系，否则容易出现因权力之间的不均衡而形成新的集权或权力过度分散而造成权力无法集中的情况。

1. 分权

分权就是要把原本集中在某些人或某些组织和机构中的权力根据治理需要合理分配给相关组织和机构，并由相关人员代表组织和机构行使权力。分权要做到三个方面：一是要做到权力合理分配。高职院校分权改革主要向两个方向分权。一个方向是向内部分权，包括纵向分权和横向分权两个部分。纵向分权即原本掌握在高层的权力向中层和群众分权，如高职院校开展二级管理改革，校级部门的权力向二级学院分权，二级学院的权力向系部分权，系部的权力向系部教师分权。横向分权即学校高层的权力向校级各管理部门分权，向各类民主决策机构和各类委员会分权，如学术事务向学术委员会分权，教学事务向教学委员会分权，等等。另一个方向是向外部分权，高职院校与行业企业和社会本身就是一种生态关系，高职院校的发展与外界环境息息相关，高职院校要让渡部分权力给行业企业和社会，让行业企业和社会能够参与到学校的决策与发展中来，发挥外界的决策、咨询与监督作用。二是要做到权责清晰，即赋予相应岗位以相应权力和责任。一方面要赋予岗位相应的权力，并通过约束机制杜绝有权不用的渎职现象和权力乱用的弄权现象；另一方面赋予岗位相应的职责，做到不同岗位之间的职责不重复、少交叉，并落实到具体的岗位制度中，以解决组织内因职责不明确而造成的做事推诿、效率低下的问题。三是要处理好民主与集中之间的关系。分权是民主的体现，权力让渡是为了共同治理，但在“民主”的基础上，权力还需要“集中”，这样才能够保证决策的有效开展。

2. 制衡

高等学校内部管理体制中的治理结构系统就是基于党委领导、校长、行政管理人员以及教职工之间权、责、利的制衡关系。制衡是在合理分权的基础上，通过制度约束，使得权力之间形成相互制约和相互监督的关系，让权力在规范的轨道上运行，把权力关进制度的笼子。高职院校内部权力制衡，从横向的角度看就是要让决策权力、执行权力、民主权力之间形成制约、监督与反馈关系，每一种权力都要接受其他两种权力的制约和监督，同时按照民主权力向执行权力、执行权力向决策权力的方向进行反馈，在良性循环的基础上促进办学质量的提升。从纵向的角度看就是要让学校与二级学院之间、二级学院与系部之间形成一种制衡关系，不能因任何一方的权力的无限放大而造成新的垄断。这就需要明确各自的职能和职责，在职、权、利相统一的基础上形成相互监督与制约的关系。制衡关系是一种动态平衡，高职院校在办学实践中要根据历史传统和办学重点，动态调整权力分配与权力约束关系，逐步优化权力结构，并以制度的形式逐步固化制衡系统，逐步形成相对稳定的制衡关系。

三、高职院校治理结构改革举措

基于高职院校治理结构改革以提升教育质量为治理结构改革的核心，以去行政化为治理改革的手段，以构建有中国特色的理事会制度为治理结构改革的方向，以多元参与为高职院校治理结构改革的基础，以权力分配为改革的切入点，以权力制衡为改革的立足点，以制度完善为改革的归宿点的改革思路，我们构建了利益相关者共同参与的党委领导下的校长负责制的治理结构整体框架体系和以提升治理质量为核心的治理结构矩阵体系，两种体系分别从高职院校内部宏观和微观两个层面具体阐释了高职院校治理结构的创新与改革。

（一）构建利益相关者共同参与的党委领导下的校长负责制

如图 2-3 所示，整个治理结构分为四个部分：第一部分为以利益相关者共同参与的理事会为核心，主要负责高职院校决策，体现决策的多元参与下的民主性与科学性；第二部分为以党委书记为核心的党委领导结构，主要负责党的路线方针政策在高职院校的贯彻执行，体现了高职院校的党委领导；第三部分为以校长为核心的行政治理结构，体现了校长负责制下的行政治理；第四部门为以监事会为核心的监督机构，主要负责纪律检查、财务审计和质量监督，体现了监督的专业性。

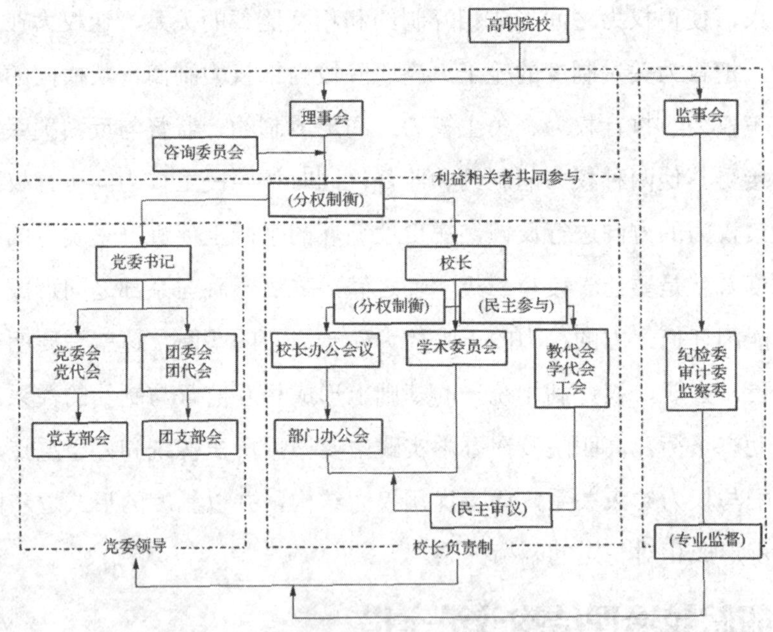

图 2-3　利益相关者共同参与的党委领导下的校长负责制

1. 利益相关者共同参与的决策机构

高职院校，特别是公办高职院校一般是非营利性的公益组织，其主要功能是为学生服务、为家长服务、为社会服务，其与利益相关者之间虽然没有直接的经济效益关系，但其社会效益关系非常明显。高职院校为家长培养孩子，为学生培养其自身的素养和技术技能，为行业企业培养适合的人才，为政府的民生和社会工作提供支持，为社会经济发展提供支撑。高职院校的利益相关者包括校外的政府、行业企业、社区、家长、校友等，校内的党委、行政、学术力量以及教师、学生等。为此，理事会组成人员由以上利益相关者组成，主要负责把握学校发展的方向，听取学校发展情况，对学校的发展规划进行审议和审定，对重大人事任免和重要项目工程进行决策。理事会主要负责宏观层面的决策，具体中观和微观层面的决策由党委和行政负责。在理事会之下有咨询委员会，其人员组成与理事会相似。理事会与咨询委员会的区别在于：一是人员数量不同。理事会人员数量一般保持在十几个人，而咨询委员会人员数量可以是几十个甚至上百人。二是人员组成不同。理事会由校内外人员共同组成，而咨询委员会人员一般由校外人员组成。三是功能不同。理事会主要负责决策功能，而咨询委员会主要负责咨询功能。当然，咨询委员会成员可以成为理事会成员，理事会成员也可以是咨询委员会成员。理事会与传统的党政联席会议既有区别也有联系。党政联席会议由党委和行政领导组成，而理事会除了部分党委和行政领导之外，还有其他重要的利益相关者，体现了决策的广泛参与，特别是校外利益相关者的参与，保障了高职院校办学的开放性和决策的民主与科学。理事会的设立从某种程度上说是削弱了党委决策的权力，把宏观决策权力让渡给由党委主要成员参与，并且有更广大利益相关者参与的理事会，既保证了党委在决策中的主导作用，也发挥了多元主体在决策中的作用。同时学校中观与微观层面的事项还是由党委负责，确保了党委在高职院校发展中的领导作用。

2. 党委领导下的决策机构

党委在学校处于核心领导地位，统一领导学校的工作，并从管方向、管全局、管干部、管人才以及党要管党等方面概括了党委的10项工作内容，对党委领导的内容和途径作了规定。党委以党委书记为核心，主要负责党和团两个方面的工作，通过召开党委会、党代会、团委会和团代会进行决策。党委机构在理事会的决策下对具体的事项进行决策，可以说，党委是理事会在休会期间的常务决策机构，在理事会决定的框架内，结合学校的发展实际进行决策，如理事会确定了学校的年度工作计划，那么党委就要根据确定的年度工作计划，按照党的政策路线制定和确定本年度计划的实施细则，强化学生和广大教职工的思想政治工作，确保党的领导在高职院校的实现，确保行政力量按照党的领导意志开展工作。

3．校长负责制下的行政机构

行政机构主要负责执行理事会决策和党委决议，由校长全权负责执行，此时的校长职能类似于企业中的总经理职能，负责学校规划计划的创造性实施。2014 年 10 月，中共中央办公厅印发的《关于坚持和完善普通高等学校党委领导下的校长负责制的实施意见》指出，校长是学校的法定代表人，在党委领导下，全面负责教学、科研、行政管理工作。这实际上科学地界定了大学校长的职责，大学校长不仅是学校的法人代表，而且是学校学术的代表。大学不同于其他社会组织的一个根本特征，在于大学是一个以知识分子为主体的组织，主要从事的是以教学和科研为主的学术活动。大学校长不仅要具备一定的行政管理能力，还要有较高的学术造诣和学术地位，能够对大学的学术活动发挥重要作用。与此同时，校长还必须能够坚决贯彻落实中央的大政方针，坚持社会主义办学方向，领导学校的教学、科研工作服务于国家战略，体现国家意志。校长治校，一手抓行政权力，一手抓学术权力，同时还要发展民主力量的作用，注重民主参与和民主监督。为此，校长一方面要处理好行政权力与学术权力之间的分权和制衡关系，既能够让各自在自己的职责范围内开展工作，又要能够形成相互制衡的关系，防止权力的僭越；另一方面要注重民主参与，发挥教职工代表大会、学生代表大会、工会等组织的民主作用，开展对学术权力和行政权力所决定的重点事项的审议和监督，以保障整个以校长为首的行政系统决策、实施、反馈的良性循环，确保创造性地完成理事会的决策和党委的决议，提高学校的办学质量和水平，提升学校品牌内涵和影响力。

4．以监事会为核心的专业监督机构

监事会由校内外专职、兼职人员组成，主要包括党委领导下的纪律检查委员会、审计委员会和监察委员会。其功能主要是对党委和行政进行监督，对理事会进行反馈。监事会的最重要的特点是专业性，包括人员的专业性、业务的专业性两个方面。人员的专业性是指监事会的组成人员要有专业，熟悉相关业务，要有固定的时间和精力对学校的党委和行政进行监督，并通过合适的途径进行恰当的反馈。业务的专业性是指监事会各个组织所从事的业务具有特殊性，有的是从纪律方面、有的是从财务方面、有的是从质量方面等开展监督与反馈。业务的专业性决定了人员的专业性，要从校内外遴选相关人员担任监事会成员，真正发挥监事会监督与反馈的作用，以此促进学校各项工作的良性开展。监事会在开展工作时要遵循以下原则：

（1）监督而不监视

从字面意义上看，监督即对现场或某一特定环节、过程进行监视、督促和管理，以达成预定的目标。因此，监督与监视两者之间有着密切的关系。在教学质量监控过程中，我们往往运用监视的手段来进行监督，如通过教室内的视频监控来监视师生上课的一举一动，这会造成师生心理上的压力。长此以往，一旦突破了师生的心理压力，所有的监控将失去其应有的意义。因此，监视不仅会扰乱正常教学秩序，而且会给师生造成焦虑。2002 年，在英国利兹的一场“质疑真相”的演讲中，奥诺拉·奥尼尔（Onora O'Neill）的一番话对质量监控有着极大的启发意义：如果我们不停地将植物拔出来确认它的根是否生长了，这样植物是无法生长茂盛的。同样地，如果我们总是不停地终止工作接受检查，来证明一切都是透明的和可信赖的，那么这些行政组织、职业生涯也无法开展得如火如荼。因此，在教学质量监控过程中，我们应该处理好“监”与“督”的关系，做到监督而不监视：一是要公开监督，即师生在被告知的情况下接受监督；二是要开展常规性监督，不搞突袭；三是要进行参与式监督而不是旁观式监督，如在课堂听课时监控者可以将自己当作学生，适当参与课堂活动。

（2）管理而不管束

质量监控的目标是为了促进教师教学水平与能力的提高，促进学生在知识与能力、情感态度与价值观等方面的发展。教学质量监控在一定意义上对扭转教学风气、提高教学质量具有一定的作用。但是，过度的管理往往造成管束的现象，即在规范教师教育行为和学生学习行为的同时，束缚了教师和学生的思想和行为，使得本应具有灵动与创意的教学变得拘束、拘谨，压抑了师生教与学的智慧，阻碍了人才培养。因此，在教学质量监控过程中，我们应该处理好“管理”与“管束”的关系，形成管理而不管束的良性质量监控：一是要适度监控，不要让监控成为师生的心理负担。二是要处理好监控的“有形”与“无形”的关系。“有形”即监控是公开的，而不是隐蔽的；“无形”即监控不能影响正常教学。三是要合理运用监控结果。对于监控中发现的问题，要在认真调查与分析的基础上，进行个别化的交流和处理，切忌抓小放大、小事放大。四是要确保监控结果处理的公平性。在异常问题的处理上不能厚此薄彼，更不能把监控作为政治手段。

（3）宽松而不放松

坚持管理而不管束的原则，会使整个教学监控氛围变得宽松。但是，如果不能把握好宽松的尺度，就很容易造成放松的现象，所以“宽松”和“放松”之间并没有明显的界限和尺度。宽松而不放松的氛围是教学质量监控永恒的追求目标。因此，在教学质量监控过程中，我们应该做到让教学质量监控在“有形”与“无形”中并存：一是要做好事前常态性教学质量监控，让师生感觉到教学质量监控的存在，并能够及时发现问题的苗头，将问题扼杀在萌芽中。二是在教学质量监控过程中要做到“督”与“导”的结合。教学质量监控应以“导”为主，以“督”为辅，重在引导，实现有形的监督与无形的引导的有机统一。三是要加强对监控中发现的问题进行研究，区分问题的个别性与普遍性。个别性的问题个别解决，普遍性的问题共同解决。

综上，利益相关者组成的理事会、党委书记为首的党委系统、校长负责制下的行政系统、以监事会为主体的监督反馈系统共同组成了高职院校治理结构。系统之间形成了良性的质量循环，在整个系统框架下进一步明确各自职能和职责，以质量为核心，推进高职院校治理能力建设，促进高职院校良性发展。

（二）以提升治理质量为核心的治理结构矩阵体系

如图 2-4 所示，以全面质量管理为出发点，以提升教育质量为目标，结合高职院校内部管理实际，构建高职院校治理结构矩阵。矩阵的纵轴参照 PDCA 质量环，将质量系统分为计划与决策系统、实施与保障系统、检查与评估系统、反馈与改进系统四个部分，四个部分之间形成质量循环关系；横轴按照质量的决策、执行、监督反馈的职能分成三大权力机构和一个非权力机构，即政治权力机构、行政权力机构和学术权力机构及民主监督机构。通过矩阵的坐标体系分配治理机构的权职，实现政治权力、行政权力、学术权力之间的横向分权，每一种权力机构又按照质量改进系统进行纵向放权。通过分权和放权，形成权责分明的治理结构。

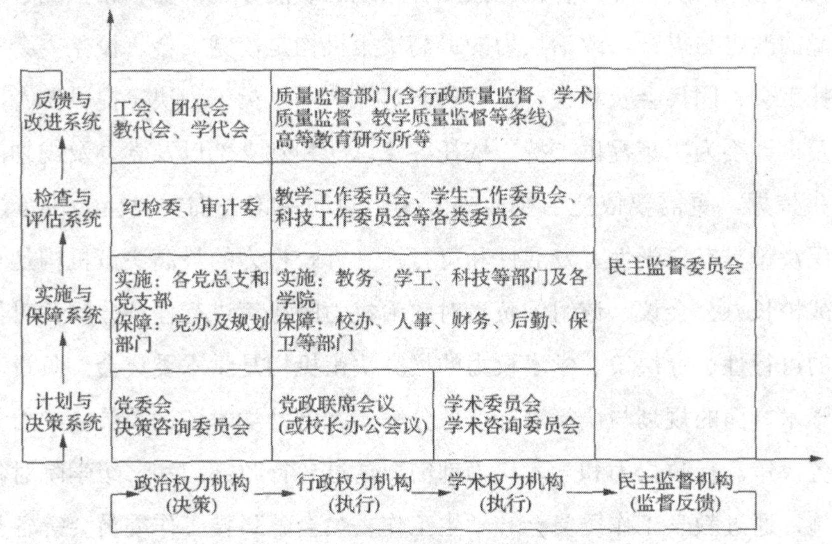

图 2-4　高职院校治理结构矩阵体系

1．基于横向质量循环的分权结构

政治权力、行政权力、学术权力之间打破以往行政权力一览独大的局面，实行决策权和执行权分离。政治权力负责全校的发展规划与决策，行政权力负责在行政业务方面执行规划与决策，学术权力按照规划和决策的要求负责学术事物的执行。“三权”各负其责，分工负责。但如果仅有“三权”，缺少有效的监督就不能形成质量循环，因而需要民主监督机构负责质量的监督与反馈。按照决策、执行、监督反馈的职能进行横向分权，并构成有效的质量循环，是治理结构改革的首要环节。其中，最为重要也是我们以往所缺少的环节就是建立民主监督机构，这里的民主监督机构构成成员比较广泛，按照治理的利益相关者理论，应该由学校的利益相关者，如合作单位、主管部门、校友、家长、学生、教师、员工等构成，代表了最广泛的群众利益。民主监督机构主要对行政权力和学术权力进行监督，直接对政治权力进行问题反馈。

2．基于纵向质量循环的放权结构

纵轴坐标的计划与决策系统、实施与保障系统、检查与评估系统、反馈与改进系统构成了纵向质量环，各机构按照各系统的职能分工负责、相互配合，共同推进质量的改进与提升。政治权力的最高决策机构是校党委会，校党委会的决策需要依托工会、团代会及教代会、学代会等广大师生员工为决策提供参考，依托纪检委及审计委为决策提供支持，依托各党总支和党支部以及党办及规划部门为决策提供依据，更需要依托由校内外专家组建的决策咨询委员会为决策提供建议，确保决策具有科学性、发展性和可行性。行政权力的最高决策机构是党政联席会议或校长办公会议，该组织负责对政治权力的决策进行任务分解并对任务执行计划的可行性进行决策。学术权力的最高决策机构是学术委员会，负责对政治权力的学术方面的规划与决策进行任务分解，并借助学术咨询委员会的力量进行学术事务决策。行政权力和学术权力都需要通过各行政部门和二级学院对各自的决策实施，通过教学工作委员会、学生工作委员会、科技工作委员会等各类委员会检查与评估计划实施的情况，并由质量监督部门对实施情况进行监督与反馈，由高等教育研究所总结固化经验，提出问题与改进建议。基于纵向放权的质量循环确保了政治权力、行政权力、学术权力各自的决策与执行的质量。

3．基于质量改进的立体式质量循环结构

政治权力机构、行政权力机构、学术权力机构内部的纵向循环形成了每种权力机构的内部质量循环，权力机构之间的横向循环形成了外部质量循环。通过内部质量循环和外部质量循环，构建立体式质量循环体系，各机构和组织在各自的职能和职责权限范围内各司其职，同时通过质量循环体系勾连各机构和组织之间的关系，形成分工清晰、职权明晰、有机结合、相互配合的治理结构体系，既有利于治理的实施，更有利于教育质量的改进和提升。

4. 基于民主参与的各类委员会结构

在治理结构体系矩阵中，我们通过成立各类委员会，保障民主参与，让权力在阳光下运行。主要有三种类型的委员会：一是咨询类委员会，如决策咨询委员会成员主要由与学校发展密切相关的利益相关者，如政府主管部门、合作企业、咨询机构、杰出校友等组成。学术咨询委员会成员主要由在学校相关科研领域取得学术成就的专家组成。二是检查与评估类委员会，如教学工作委员会、学生工作委员会、科技工作委员会等，成员主要由教师代表、学生代表和行政人员等组成，负责教育教学和行政质量的检查与评估。三是监督类委员会，如民主监督委员会，其成员由各类利益相关者组成，负责有关学校的各类信息的反馈。质量监督部门下设学生信息员队伍、教师信息员队伍、督导信息员队伍等，从不同的角度监督教育教学质量。基于各类委员会的民主参与是各种权力规范运行的保障，也是教育质量改进的保障。

综上，以提升治理质量为核心的治理结构矩阵体系是对利益相关者共同参与的党委领导下的校长负责制框架体系的完善和落实，进一步明确了办学质量在高职院校中的地位，按照质量优先的原则设计治理结构体系，通过纵向和横向的质量循环推进高职院校的质量体系建设。

第三章 高职院校治理章程建设

第一节 高职院校章程建设的全面认识

一、高职院校章程的内涵和特点

高职院校章程作为大学章程建设的一个分支，既属于职业教育的范畴，也属于高等教育法学的范畴。若要对高职院校章程进行探讨，首先要对大学章程的内涵进行研究与探索。

（一）大学章程的内涵

对于大学章程的内涵，学者观点多样，仁智互现。有关大学章程的定义问题，我国首部《学校章程》专著的作者陈立鹏把章程定义为“为保证学校正常运行，就办学宗旨、任务、内部管理体制及财务活动等重大的、基本的问题做出全面规范而形成的自律性基本文件”；[①]陈于后认为，“高等院校的章程是指为保证高校工作正常运行，就办学宗旨、内部管理体制和各项重大原则制定的全面的规范性文件”[②]；米俊魁认为，“大学章程是指，为保证学校自主管理和依法治校，根据《教育法》等法律、法规的规定，按照一定的程序，以条文形式对大学重大的、基本的事项做出全面规定而形成的规范性文件”；[③]鲁晓泉认为，“高职院校章程是为了保证高职院校自主管理和依法治校，根据《教育法》等法律、法规以及高职院校客观实际，按照一定的程序，由高职院校自己制定的对涉及学校重大的、基本的事项做出全面规定而形成的规范性文件”[④]；袁本涛认为，“大学章程是大学自治和学术自由及现代大学制度的法律保障，是处理大学内、

---

① 陈立鹏．学校章程[M]．北京：光明日报出版社，1999：16．

② 陈于后．高等院校法律地位探析[J]．四川理工学院学报：社会科学版，2004（4）：32-36．

③ 米俊魁．大学章程价值研究[D]．武汉：华中科技大学，2006：16．

④ 鲁晓泉．我国高校章程及其制定研究[D]．上海：华东师范大学，2007：43．

外部关系的基本法律依据”①；国家教育委员会人事司组织编写的《教育法制概论》一书中认为，“章程是指为保证学校教育教学活动的正常运行，主要就办学宗旨、内部管理体制及财务活动等重大的、基本的问题做出全面规范而形成的自律性的基本文件，是学校自主管理的基本依据”。②

从以上几种对大学章程内涵的界定来看，学者分别从不同角度揭示了大学章程的本质，但在表述上仍存在偏颇或不全面的问题，如章程制定的主题不够明确、内容过于狭窄、法律依据和效力不完全等。高等职业教育是高等层次的职业教育，是高等教育的一部分，是一种特殊类型的高等教育。高职院校章程属于高校章程的范畴。要深入理解大学章程的内涵本质，不仅要把握章程的基本文本内容，而且要把握章程的深层内容：一是组织要素，即组织的宗旨和组织结构；二是体现高职教育的规律和特色；三是紧密结合高职院校的办学实际。

基于以上对大学章程的定义，我们认为，高职院校章程应当是根据《教育法》和《高等教育法》等法律、法规，针对高职院校的办学定位与特点，由高职院校的举办者或其委托机构及其他利益相关者共同制定，并经批准举办学校的机关批准，以书面形式对涉及高职院校性质、宗旨、任务、组织结构、教师与学生的基本权利与义务、校企合作等重大的、基本的事项做出全面规定而形成的纲领性文件。

（二）高职院校章程与本科院校章程的区别

高职院校作为我国高等教育的一个重要组成部分，已成为现代职业教育发展的核心力量，为实现社会经济发展与产业行业提升以及高等教育发展提供了基础性支撑。高职院校章程与本科院校章程同属高校章程的范畴，但二者又有所区别，不能完全等同。

高职院校章程属于高校章程的范畴。章程指“书面写定的组织规程或办事条例”（《现代汉语词典》）。大学章程是指为了保证高等学校的规范管理与正常运行，依照国家相关法律，在办学宗旨、主要任务、内部管理体制及财务活

① 袁本涛．现代大学制度、大学章程与大学治理[J]．探索与争鸣，2012（4）：69-72．

② 国家教育委员会人事司：教育法制概论[M]．北京：教育科学出版社，1997：87．

动等重大的、基本的问题上做出的较为全面、规范的自律性基本文件。高职教育是高等层次的职业教育，是高等教育的一部分，是一种特殊类型的高等教育。高职院校章程属于高校章程或大学章程的范畴，应依据国家教育法律、法规，结合高职院校自身的历史传统、校风学风教风作风、行业特点、办学特色等实际自主制定。

在章程的内容上，《高等教育法》第二十八条对此做出具体规定，包含学校名称、校址，办学宗旨，办学规模，学科门类的设置，教育形式，内部管理体制，经费来源、财产和财务制度，举办者与学校之间的权利、义务，章程修改程序以及其他必须由章程规定的事项。《高等学校章程制定暂行办法》也认定章程应当按照《高等教育法》的规定，载明上述内容。因此，可以看出，在大学章程的相关内容以及文本框架设计上，二者是相似的，没有区别。不管是高职院校还是普通本科院校，都应该遵循上述规定的内容，并以此为依据起草章程。

高职院校章程不同于普通高校大学章程。高职院校与普通高校虽然都属于高等学校，但两者又分属于两种不同类型的教育，所以两者在功能定位方面各有侧重，在人才培养目标和培养方式上也不尽相同，在师资队伍、科研要求、技术服务等方面也有很大区别，高职院校体现出明显的职业性、区域性。因此，高职院校章程应不同于普通高校的大学章程，或者说与一般意义上所说的大学章程有所区别。如果高职院校的章程不能体现高职院校的特点，照搬普通高校的大学章程，那么，它与其他类型的高校也就缺乏了明显的区别与界限，从而导致高职院校不能明确自身的办学定位，不能按照高职教育规律办学，最终影响高等职业教育的发展，甚至影响整个高等教育的错位发展和科学发展。

高职院校章程除了要依照《教育法》和《高等教育法》来制定外，还要依照《中华人民共和国职业教育法》（以下简称《职业教育法》）等法律、法规，根据高等职业教育的规律，针对高职院校的办学定位和特色、特点来制定。与高职院校利益相关者，如政府、行业、企业等，都应参与高职院校章程的制定。在高职院校章程中，校企合作等内容必须充分强调、详细制定，从而体现高职院校的特点。

（三）高职院校章程特征

1．法定性

从制定依据来看，大学章程，包括高职院校章程是依据国家教育法律而制定的。现代大学承载着科学研究、人才培养和社会服务三大功能。在法治社会中，一切权力都应当受到法律的约束。在民主法治的社会中，国家对大学的控制与管理更多的是通过国家法律的制定与实施来实现的。然而，在我国现行的高教行政法体系内，除去《高等教育法》和《教育法》对大学章程做出简略规定外，只有教育部颁布的于2012年1月1日实施的《高等学校章程制定管理办法》对大学章程的制定做出了较为详细的规定，但该办法属于部门规章，其法律位阶太低、效力不强，仅作为法院审理案件的参考，而且该办法也未规定和区分我国现行大学的性质，更未设定不制定章程或者章程违法的法律后果。因此，完善大学章程制定依据是大学制度改革的必要前提。在民主法治的社会中游戏的规则比游戏本身更重要。

2．自治性

大学章程是大学自治管理的基本依据，其主要目的在于平衡大学自治权。高职院校章程是学校其他规章制度的基础和依据，是高职院校管理和运行的“宪法”，在制度体系中是“母法”或“上位法”，要经过上级主管教育行政部门核准后向社会公布。它要明确组织内部的权利和义务，协调高职院校的内部程序，体现高职举办者的意志。

3．多元性

当今，高职教育校企合作办学、产学研结合的人才培养模式等特征，以及高职院校更强调吸引行业、企业等社会组织参与办学的特点，使高职院校已经不再是独立的个体，而是与区域经济社会发展、科技进步、公民素质提高密切相关的利益相关者组织。高职院校的社会性更强、开放性更高、利益多元性更加突出，高职院校章程呈现出主体多元性的明显特征。从制定主体来看，高职院校章程是与高职院校设立和运行息息相关的各方利益主体协商一致的结果。这就要求章程建设须以利益相关者理论为基础，完善高职院校章程，减少内部治理中的利益分歧与矛盾冲突。在高职院校章程中，应充分体现参与办学的社会组织成员的共同利益和意志，必须使章程成为保证高校自主管理与依法治校，并具有一定法律效力的治校纲领性文件。

高职院校多元主体只有参与学校管理的机会平等、责任共担和权力共享，才能实现大学自治权的平衡。由于高职院校章程设定了大学内部各利益主体的权力边界，因而其制定过程必定是各利益主体背后的利益博弈、分配和协调过程。因此，高职院校章程建设的重点不在于制定一部什么样的章程，而在于在章程的制定过程中，各利益主体是否得到充分的尊重，尤其是学术研究者的“话语权”是否有足够的影响力。只有理顺高职院校内部利益主体间的关系，才能实现高职院校章程制定的合理化、正当化、民主化。只有充分尊重利益主体，提升学术研究者“话语权”的影响力，才能有效地防止行政权力对学术权力的侵蚀。

4．局限性

高职院校的章程建设，其主要目的在于更好地发挥高职院校内部治理，不断推动高职院校实现规模化发展。从这一目的来看，即使当前最新修订的院校章程，也不一定会发挥长久的效力，对院校未来发展势必存在一定的局限性。这样的局限性首先体现在人类个体思考和解决问题的局限性，时代的不断进步会导致人们目前所掌握的知识处于落后状态，这对章程的可持续建设将产生极为不利的影响。而在章程制定的政策导向方面，也存在局限性，将导致章程的针对性与稳定性不断降低。章程建设实践的局限性还体现在章程的制定过程中，所有参与章程制定的主体如何把握自己所应发挥的作用，如何分配章程制定后院校内部治理改革的利益，都存在不可预判性，这些内容也同样制约着章程的制定。

5．程序性

从规范性质看，高职院校章程既是实体性规范，也是程序性规范，是实体性规范与程序性规范的统一体。程序正义既是行政法治化的基本要求，也是高职院校治理民主法治化的重要体现。高职院校章程必须体现“正当程序”之基本精神，如大学章程的制定与修改程序、重大事项的决策程序、日常事务的处理程序等。只有通过正当程序来制定和实施章程，才能获得大学内部成员的普遍服从，使高职院校章程对内部成员具有约束力。高职院校治理改革的目标能否得到实现，高职院校自治权能否得到落实，从某种意义上讲，正当程序是其决定性的影响因素之一。

二、高职院校章程建设的目标和意义

高职院校章程是高校实施办学自主权的重要依据，回顾早些时期计划经济时代背景下的高职院校办学完全依赖于政府的主导，章程的建设并没有任何意义，更谈不上目标。时至今日，我国市场经济体制的完善性仍待进一步加强，政府集权在高职院校中的管理模式依然遗留，致使高职院校章程建设并没有受到重视。在社会主义市场经济体制逐渐趋于完善的新形势下，行政管理体制改革进程亦随之深入，现代高职院校章程的建设在现代大学制度的发展与高等教育大众化时代，目标更加明确，意义与必要性也越发凸显。

（一）高职院校章程建设的目标

依法治校要求高校依据法律、制度来治理、管理学校事务，章程是学校治理的“基本法”和依据。高职院校章程建设的目标主要包括以下两方面的内容：

1．推进高校民主法治进程

党的十八届四中全会通过了《中共中央关于全面推进依法治国若干重大问题的决定》，“法治”就是要求大学在法律的授权下制定章程并以此作为治理学校的根本依据。“民主管理”就是充分保障师生群体、相关方参与学校的管理与决策，使学校的行政行为接受师生群体、相关方的监督与制约。通过大学章程明晰学校管理的决策体系、执行体系、监督体系，推进大学民主法治的进程。

2．建立现代大学制度

现代大学制度是高校管理体制改革的目标，现代大学制度的关键是通过大学章程建立高等学校法人制度，正确处理学校主办者、学校内部、社会三者之间的关系，优化学校发展环境。建立现代大学制度的过程;实质上就是高校逐步走向依法治校的过程。

（二）高职院校章程建设的意义

高职院校章程的作用体现在多方面，纵观国内外章程建设的过程可以发现，章程在大学成立之初是大学存在的依据和合理保障；在高校日常运行中，章程是学校运行的依据和治理的制度基础；涉及高校内部各种利益的分配时，章程又是调节这些利益关系的平衡器。总之，对高职院校来讲，其章程建设的意义主要表现在以下方面：

(1)制定章程是高职院校设立的基本条件。依法制定学校章程并严格依照章程治校，既是高职院校依法设立的基本要求，也是高职院校依法运行、发展的前提。如前所述在《教育法》、《高等教育法》、《国家中长期教育改革和发展规划纲要（2010—2020 年）》以及《高等学校章程制定暂行办法》等中都明确指出章程的重要性，强调章程是高等学校依法自主办学、实施管理和履行公共职能的基本准则。可见，制定章程是高职院校“合法化”的基本条件，是高职院校办学的重要基础。高职院校只有严格按照章程进行管理，才能够切实推动学术自由，使学术环境全面更新，实现高校的良好运转。

(2)高职院校章程是指导高职院校办学的最高准则。高职院校章程的制定，象征着对传统人治管理模式的突破。现代高校建设将依法治校定为基本准则，高校的法治管理已成趋势，高职院校章程的实施作用于高职院校的自主办学，也就对法治化原则提出了最高的要求。结合我国诸多相关法律法规能够看出，诸多教育相关法律均为高职院校章程制定的重要依据，包括《教育法》、《高等教育法》以及《职业教育法》等，所有相关法律中对于高职院校章程建设均提出了明确的规定，高职院校的依法治校、民主建设与自主办学等都需要严格遵循高职院校章程，作为高职院校办学的最高准则，现代高职院校章程建设的意义也就显而易见。正因为高职院校章程是规范高职院校办学行为的最高准则，它也就成为高职院校制定其他规章制度的基础和依据。高职院校章程既是举办者对高职院校进行监督的依据和手段，更是高职院校自主办学的根本依据和纲领性文件。其他规章和制度是高职院校章程的具体化，不能与章程相抵触。章程一经审批通过，包括学校领导、教职员工及其他利益相关者在内的所有参与高职院校办学的主体、组织机构、运行机制及办事程序都必须遵循章程的规定，其他关乎高职院校发展的基本问题和重大决策也不得违背章程规定。

（3）高职院校章程是高职院校制度建设的重要指南。现代高职院校制度基于现代高职院校的文化背景，以符合应用型教育人才成长规律为目标，通过对内外部各种关系的全面协调来为高职院校的持续化发展护航，由此成为现代职业教育发展的大方向。现代高职院校章程既是现代高职院校制度的准则，同时又是基础，然而由于受到传统时期多方面因素的影响，高职院校章程的作用被忽视。因此，现代高职院校制度的建设要想进一步完善，势必需要现代高职院校章程的支撑，通过两者的高度统一促进现代高职院校的发展。加强高职院校制度建设，构建现代高职院校制度，是高职教育改革与发展的方向和趋势。章程涉及的办学宗旨、教育形式、内部管理体制、经费来源等问题，正是现代高职院校制度的核心内容。高职院校章程是在上级精神的引领下制定的，它充分尊重大学自治和学术自由，完善了高职院校的治理结构。高职院校要在不违背大学章程的前提下，制定其内部各类管理办法。高职院校章程作为学校办学的基本准则，在学校依法治校中发挥着不可替代的作用。

（4）高职院校章程是实现高职院校依法治校的根本保证。学校章程是高校自主管理、依法治校的基本依据，对传承学校精神、明确学校定位、突出学校特色起着引领作用。2010 年通过的《国家中长期教育改革和发展规划纲要（2010—2020 年）》中，明确提出了大力推进依法治校的总要求。依法治校是在学校落实依法治国基本方略的必然要求，是教育事业深化改革、加快发展，推进教育法制建设的重要内容，是建设现代大学制度的必由之路。章程作为学校的纲领性文件，明确了学校的办学性质、办学宗旨和目标定位等内容。一方面确立了学校的法律地位，另一方面从制度上明确了学校的决策依据和发展方向，保证了依法治校能够在以章程为核心的制度保障下真正落到实处。高职院校章程作为学校精神的集中体现和学校行为的总规范，既是举办者对学校进行监督的依据和手段，更是学校自主办学、依法治校的法律基础和重要保证。高职院校应根据相关法律法规政策结合自身实际研究制定实施章程，推动学校从人治管理转向法治管理。

（5）高职院校章程建设是现代大学治理的重要抓手。高职院校章程是“为保证学校自主管理和依法治校，根据国家《教育法》等法律的规定，依据一定的程序，以文本的形式对大学重大、基本的事项做出全面规定所形成的规范性文件”，一方面，其要理清学校内部各权力主体的责权利关系，明确党委领导、校长治校、教授治学、企业参与的领导体制，明确行政权力与学术权力的边界；另一方面，其要理清学校与政府、学校与社会的关系，明确学校与政府、社会组织的权力界限，明确社会参与学校建设的范围和方式等。所以，章程在大学治理中起着无可取代的作用，制定和完善章程与推进现代大学治理有着密不可分的关系，高职院校章程是现代大学治理的核心组成部分，是学校办学和管理的“宪法”，是学校内部各项规章制度的“纲领”与“顶层设计”，内外部环境和谐有序、相互依存，才能使现代大学治理更有成效。

（6）高职院校章程建设是推进学校民主管理的必由之路。随着高等教育大众化，高职院校功能多样化，高职院校的管理问题变得更为复杂，需要适应世界潮流和大学发展趋势，变革管理模式，推进治理改革，强化民主管理，以便使学校各利害关系人在权利、责任和利益上相互制衡，实现学校内外部效率和公平的合理统一。民主管理是现代大学制度的重要组成部分和重要特征，是建设现代大学制度、促进高职院校科学决策、深化高职院校改革和发展的需要。只有加强民主管理，师生的民主权利才能得以保障，师生的积极性和主动性才能被激发。高职院校应通过章程来规范和优化治理结构，推动高职院校按照教育规律、办学规律改革和完善管理体制，扭转高职院校内部管理行政化的倾向，从而有效地发挥高职院校的功能，实现治理能力现代化。

（7）高职院校章程是维护大学自治和学术自由的根本要求。现代意义上的大学最早产生于欧洲国家，其办学许可证类似于现代大学章程的雏形，主要功能就是获得皇权和宗教力量的支持，有了这一许可证，大学可以自由进行教学等活动，类似于现代的大学自治和学术自由。随着大学的演变和发展，这一功能日益得到加强，并从最初的“许可证”演变为大学章程，章程的作用就是大学在获得各种社会力量支持办学，并取得相应的回报的同时，也要规定学校自身的一些特有权利，保持大学的自治和学术的自由。这些权利是不容社会力量侵蚀和影响的。

（8）高职院校章程对确立以人为本的办学理念、维护各方利益起着保障作用。高职院校坚持以人为本的办学理念，深入贯彻“一切为了学生、为了学生一切，为了一切学生”的办学宗旨，要求学校一切以学生为中心，管理和决策要维护师生的利益。高职院校章程还对明晰学校内外部关系，明确管理主体与管理对象，明确学校和师生的权利、义务与责任起到了规范和约束作用。一方面，它明确了学校与政府和社会的外部关系，确立了高校的办学自主权，同时指出了高校对社会发展所承担的责任和义务；另一方面，它也指明了学校内部各组成要素之间的关系，明确了各单位、各部门应当履行的职责和义务，为学校各项工作的开展确立了制度规范，保障了学校内部不同行为主体的合法利益，共同推进了和谐校园的建设。

三、高职院校章程建设的原则

制定、实施高职院校章程，是确保高职院校正常运转、实现依法治校、构建现代高职院校制度以及提升高职院校治理能力的最有效途径。制定高职院校章程是新设高职院校的首要工作。制定高职院校章程既不能照抄照搬其他普通高校章程，也不能随心所欲或凭个人主观偏好，必须体现如下五个原则：

（一）遵守现有相关法律、法规，依法建章

依法是高职院校章程建设的首要前提。章程具有行政法性、契约性、自治法性及可诉性。制定学校章程，必须遵循国家法律、法规，坚持依法而制。《高等学校章程制定暂行办法》第四条规定：“高等学校制定章程应当以中国特色社会主义理论体系为指导，以宪法、法律法规为依据，坚持社会主义办学方向，遵循高等教育规律，推进高等学校科学发展。”可见，“法治性”是高职院校章程的

基本属性，“法治原则”也应当成为确定高职院校章程要素的基本原则。高职院校章程，上承国家高等教育法律法规，下接学校内部管理制度，是高职院校实现自主办学和民主管理的根本保证，是高职院校“依法治校”工作的重要载体，“法治”理念在章程制定中的意义不言而喻。

(1)确保章程的每个条款都符合法律法规的原则和精神。章程要调整学校内部以及学校与政府行政部门、社会、市场方面的等关系，因此其法律基础包括广义的教育法、行政法、民法和刑法等其他法律、行政法规、地方性法规和规章。高职院校要确保章程的每个条款都符合法律法规的原则和精神。

(2)章程的制度设计与内容表述不能僭越“上位法”，即国家的高等教育法律法规。尽管现代大学制度倡导高校办学的自主权，但这种“自主”应以“法治”为前提。只有在法律和制度的框架内确定章程要素，才能实现章程制定的目的，才能使章程成为高职院校有效建章立制的依据，才能使章程最大限度地发挥其“依法治校”的作用。《高等教育法》中规定了章程制定应当包含十个方面的内容，《高等学校章程制定暂行办法》将这十个方面的内容具体化，从大学名称到大学的分立、合并及终止，都要求有所规定，这些内容构成了高职院校章程的主体结构，应作为大学章程框架体系的依据，成为高职院校章程中不可或缺的要素，指引着高职院校章程的起草和修订。高职院校在章程制定中应当以这些要素为基础，在此基础上构建体现自身办学特点和规律的规则体系。

(3)制定章程的程序必须合法。高职院校章程制定的每一个步骤、每一个环节，都要遵循着严谨、规范的程序，确保章程的合法性、规范性和有效性。

（二）遵循高等职业教育规律，科学建章

高等职业教育有其自身的规律和特点。高等职业教育不同于其他类型的高等教育，是一种特殊的高等教育类型，同时它又属于职业教育。要制定高职院校章程，就必须准确定位高职院校，并坚持遵循高等职业教育规律的原则，科学建章。从某种程度上说，是否做到遵循高等职业教育规律、科学建章，是决定高职院校章程是否具有实效性和针对性的关键因素。

（1）准确把握高等职业教育规律。要使高职院校章程遵循高等职业教育规律，必须准确把握高等职业教育规律。与普通高等教育相比，高等职业教育具有更为显著的发展规律，这主要体现在如下方面：在培养目标上，注重面向生产、管理、服务和经营第一线培养动手能力强的高技能人才；在办学指导思想上，体现以服务为宗旨、以就业为导向，走产学研相结合的发展道路；在专业设置及课程教学上，专业设置要紧扣劳动力市场，灵活应对劳动力市场需求变化，课程教学要以工作过程为导向；在办学模式上，强调校企合作，重视建立健全行业企业参与高职院校办学的长效机制；在内部管理体制上，强调形成包括政府、高职院校、行业企业、劳动部门等在内的多元主体参与的内部治理结构；在教师队伍建设上，重视从行业企业以及社会聘请具有丰富经验的专业技术人才或技术能手，加强专兼职教师队伍建设；在监督评价上，重视高等职业教育质量评价的社会参与，就业率、就业质量以及企业满意度才是检验高等职业教育质量的根本标准。高职院校章程只有与高等职业教育规律相吻合，高职院校才能办出特色，为经济社会发展更好更快地培养高技能人才，真正实现高等职业教育的价值。

（2）充分体现高职教育规律。制定高职院校章程，既要充分反映党和国家赋予高职教育的使命，又要整体考虑我国高职教育正处于发展转型期，充分体现时代特征；既要以完善治理结构为基础，厘定多方关系，规范办学自主权，又要以学校成员为切入点，规范权利体系，体现成员主体地位；既要立足现实，求实求用，遵循教育规律和高职办学规律，认真总结、凝练和固化学校的办学经验和优良传统，使之得以传承和坚守，又要着眼长远，追求理想，有所探索、有所创新，通过深入的专题研究，不断深化对教育规律和办学规律的认识，使章程能够充分体现现代高职教育的精神和理念，更好地指引学校未来发展，从而突出高职院校章程的内容纲领性、动静协调性和行为指引性。

（三）紧密结合高职院校实际，特色建章

特色是高职院校章程建设的必然要求。一部好的章程，不仅应该反映所有高职院校共有的特质，突出高职教育的高等性、职业性、行业性、区域性，体现

“以服务为宗旨，以就业为导向，走产学研相结合的发展道路”的办学宗旨，还需要充分展示特定学校的个性，不拘一格，强化学校的自然身份、社会身份、文化身份和功能身份识别，彰显学校特色。与其他类型的高校相比，高职院校具有自己。

高职院校与高职院校相比，每所高职院校的章程也应具有各自鲜明的个性。这既是形成每所高职院校办学特色的保证，也使得高职院校章程的顺利实施具有一定的可行性。为此，高职院校应深入开展调查研究，突出学校的历史继承，全面总结学校的办学经验和传统，细致分析学校的发展优势和需求，准确把握学校的定位和发展阶段，凝练学校的办学理念和特色，以开阔的视野、浓重的笔墨书写学校的个性。制定高职院校章程要紧密结合高职院校实际，主要从以下方面着手：

（1）要认真研究学校所处区域的地方经济发展水平、产业结构现状和发展趋势、地方优势产业和特色产业以及地方传统文化，基于此分析、预测劳动力市场的需求，以此作为专业结构调整以及课程教学改革的依据。

（2）要深入总结学校办学经验以及基础能力建设方面的情况，主要包括办学经验及模式、教育教学设施、内部管理体制现状、学校可容纳规模、校内外实习实训基地建设、生源素质、专兼职教师队伍建设等。

（3）要研究地方政府关于鼓励、扶持高职院校的法规、政策以及设想，调查研究社会各界参与高职院校建设的现状、问题及需求。

上述所有因素都是制定高职院校章程的重要依据，也是高职院校章程顺利实施的重要保证。只有紧密结合高职院校实际，才能真正形成高职院校发展的特色和优势。

（四）保障各利益相关者的权益，民主建章

在《现代汉语词典》中，“权益”是指“应该享受的不容侵犯的权利”不同于其他类型的普通高等教育，由于高等职业教育的特殊性，参与高等职业教育的主体众多，不仅包括政府、教育主管部门、高职院校及其教职员工、学生，还包

括行业企业、职业介绍机构、劳动部门等组织和成员。而制定高职院校章程，就是对这些利益相关者的利益进行调整，高职院校章程就是这些利益相关者之间博弈的结果。

要顺利实施高职院校章程，就必须充分保障各利益相关者的权益。这应该成为制定高职院校章程的重要价值取向。这些权益主要包括：相关行政领导在行政上的权利，教师或专业骨干在学术、专业以及教学上的权利，相关组织和人员在经济上的权利，行业企业在享受高职院校提供的社会服务上的权利，学生要求接受高质量教育的权利以及各利益相关者参与学校决策与管理的权利等。

高职院校在章程建设过程中必须充分考虑各方利益的协调及保障，充分考虑各个办学参与主体的权益和诉求，明确各利益相关者的责任和义务，并制定有力举措促使各利益相关者能履行其职责和义务，使得各利益相关者的责、权、利相统一，充分保证各利益相关者的合法权益。在章程理念中充分强调共赢，在具体制度建设中以章程为引导，制定对应的规范及细则，全面保证参与办学的各方在争取自身权益的过程中有章可循，从而确保合作办学各方的参与热情。

民主是高职院校章程建设的重要保障。章程制定主体分决策主体和影响主体两类。章程的出台，是一种持续的活动，整个过程包括草拟、审议、表决和通过、审核、公布和修改，每个阶段参加的主体不完全一致，必须在不同阶段听到不同主体的声音，让各类主体的合理意愿和需要在学校管理过程中得到满足和实现。因此，高职院校在制定章程的过程中要遵循权利原则、最大多数人的最大利益原则，充分发扬民主，积极组织学校内外各方代表参与研讨，通过不同形式和途径广泛吸收各方面的意见和建议，使章程成为全体师生普遍认同的集体智慧的结晶。

（五）体现高职教育改革的理念和思路，自主建章

《高等学校章程制定暂行办法》第四条规定，“应当促进改革创新，围绕人才培养、科学研究、服务社会，推进文化传承创新的任务，依法完善内部法人治理结构，体现和保护学校改革创新的成功经验与制度成果”。高职院校的章程制

定工作处于刚刚起步阶段，很多学校更是处于从无到有的摸索阶段。在章程制定过程中，应当谨防将章程作为现有制度规范的简单集结汇编或者现有管理体制的重复描述，而应体现出高职教育改革的理念和思路，通过章程的制定实现包括机制体制改革在内的各项管理体制改革成果的制度化、规范化，将章程作为学校改革发展的切入点，使章程成为高职院校特色办学制度的集成载体。

《高等学校章程制定暂行办法》第四条还规定，“应当着重完善学校自主管理、自我约束的体制和机制，反映学校的办学特色”。大学办学自主权是大学办学的基础，是大学自治的前提，实现办学自主权是建立现代大学制度的核心价值目标之一。尽管受法治原则制约，但自主原则仍是高校章程的核心属性。《高等学校章程制定暂行办法》第二章“章程内容”中的诸多条款都体现了国家教育行政管理部门对高校办学自主权的肯定。如《高等学校章程制定暂行办法》第八条明确规定了高校办学自主权的行使与监督，该条明确了国家法律是划定高校自主权边界的依据，在此基础上，学校内部具体管理制度应当按照“决策、执行和监督相分离”的自主权运行原则进行自主设计，这充分体现了自主原则在高校章程制度中的核心地位。

第二节　高职院校章程建设的对策

高职院校章程既是衔接国家高等教育法律法规和高职院校内部规章制度的桥梁和纽带，是统领学校内部制度管理体系和运行机制的关键，是高职院校实现依法办学和依法治校的根本所在，也是厘清并明确高职院校内外部权利和义务关系、促进高校完善内外部治理结构、建设现代大学制度的重要载体和推动高校科学发展的基本保障。高职院校章程建设是一项系统性工程，具有全局性、长期性和稳定性，应把握以下建设对策和建设路径：

一、提高高职院校章程建设的意识

谭寒认为提高高职院校章程建设的意识，必须涵盖高职院校的利益相关者，如政府行政主管部门和高校的管理者、高职院校内的各部门、各单位、广大教职员工和学生以及校友、学生家长和社会相关人士都需要提高认识，关心和重视高职院校的章程建设。

(1)政府行政主管部门、高校管理者应增强大学章程意识。章程建设就是要对完善中国特色现代大学制度的主要内容进行一种制度性的回应。政府行政主管部门、高校管理者应该充分意识到大学章程是最能体现大学治理理念的载体，是大学的“宪法”，在大学内部治理和高等教育改革中占据着十分重要的地位。

上级教育行政部门要厘清政府与高校之间的关系，从原来的政府“管制”转变为“宏观指导”和“服务”身份。同时在核准大学章程以后，还要持续关注大学章程的运行，用法律、行政等手段引导和规范高校尊重章程和运行章程。

高职院校领导、党政部门、二级学院要统一思想，充分认识加强章程建设的重要意义，把章程建设作为深化高职教育体制改革、推动学校教育科学发展的重要工作，组织和动员各相关方积极参与和支持高校的章程建设；要在高校内部对院校章程的目的及意义进行全面而深入地学习宣传，充分认识章程建设在学校改革发展中的基础性地位和重要作用，高校管理者应该具有开放包容的心态，让利益攸关方都能以不同的形式参与高校管理，大学章程应当有此明确的条款保障参与权，从而树立大学章程的公信力；要把章程建设作为高职院校现代大学制度建设的一个重要切入点和着力点，作为凝聚集体智慧、凝结员工感情、凝集发展思路、凝练大学精神的重要途径，不断提高推进章程建设的积极性、自觉性、创造性。在高校治理过程中，依靠章程、落实章程和完善章程，不因领导的换届而导致章程得不到有效的落实，不因个人的好恶而不执行章程，树立坚定的依法治校、科学治校的治理理念。

(2)校内各部门、各单位要以大学章程为准则开展各项工作。校内各部门、各单位都应该深入学习大学章程，积极转变工作观念，从被动地被章程约束，变成主动地遵守章程和运用章程，要意识到章程对本职工作的指导作用和积极意义，充分挖掘章程的内涵和价值，为工作的开展提供依据。在运行高职院校章程的同时，要积极主动地宣传章程、解读章程，并为章程的修订积累素材。简而言之，就是在工作中言必称大学章程。如高职院校在制定或修订各项规章制度的时候，首要的是查阅高职院校章程的相关规定，所有规章制度都必须确保遵循高职院校章程，将高职院校章程作为“上位法”。高校党委宣传部、党委学工部等职能部门应当充分发挥职能优势，举办各类高职院校章程学习宣讲活动和知识竞赛活动，使得章程的基本知识和内涵深入人心。

(3)广大教职员工和学生要认识到大学章程对维护自身利益的重要作用。经上级部门核准的大学章程，在高校具有最强的约束力。章程应明确规定教职员工和学生的权利和义务，教职员工和学生可依据章程维护自身的合法利益并履行相应的义务。因此，广大教职员工和学生应深入学习贯彻章程，并义务宣传章程，积极参与学校决策，维护和支持学校发展。

(4)校友、学生家长和社会相关人士需提高章程意识。校友、学生家长和社会相关人士都是高校的利益攸关者，高校的发展与之息息相关，他们有责任、有义务学习、贯彻章程，并通过各种不同的形式监督大学章程的运行，维护高校的改革、发展与稳定。如校友可以通过校友会等组织表达自己对学校改革发展的建议，同时要力争在大学章程文本里有校友权益的明确表述，使校友可以依据大学章程有效行使其权利。

强化章程意识，学习很重要。章程意识集中表现为师生对章程的认知和评价，对章程的主动了解、掌握和运用。民要知其法，才能守其规。学校要通过开展讲座、座谈会、知识竞赛、考试、案例分析、演讲、朗诵、专题晚会、章程日等主题活动，增强大家对章程的了解和认识，为章程推行进行舆论铺垫。同时，强化章程意识，宣传也很重要。学校要通过宣传栏、广播站、网站、微信平台、报纸、宣传册等媒介广泛宣传章程。

二、把握高职院校章程建设的内容

章程内容是章程建设的重点和核心，是学校依法管理、依法办学的基本依据和行为准则。因此，章程制定工作要严格遵循《高等教育法》和《高等学校章程制定暂行办法》的规定，章程应严谨、规范、稳定，经得起时间的检验。高职院校要从办学实际出发，结合学校改革创新的需要，制定体现学校文化传统与发展定位、反映学校办学特色和办学理念的章程，鼓励因地制宜，避免“千校一面”。高职院校章程必须区别于普通高等院校，在内容上要突出高职教育的鲜明特点。第一，高职院校要遵循“以服务为宗旨、就业为导向，走产学研相结合的发展道路”的办学宗旨，坚持校企合作的办学模式，以及为生产、管理、经营和服务一线培养技术技能型人才的办学目标等。第二，高职院校章程内容在专业设置方面的规定必须尽量贴近产业和行业发展的人才需求，在课程教学方面的规定则需着重强调学生实践操作能力的培养。第三，章程内容对建立行业、企业参与办学的长效机制以及政府、高职院校、行业企业、劳动部门等在内的多元主体参与的内部治理结构等要有所体现。同时，要以完善高校法人治理结构为重点，完善“党委领导、校长负责、教授治学、民主管理”体制，对学校决策机制、办学自主权、内部管理体制、学术管理制度、民主管理机制等做出明确规定。但在内容上，李淼认为高职院校章程由一般性要素和特殊性要素构成，具体如下：

（一）高职院校章程的一般性要素

高职教育是我国高等教育的重要组成部分，因而高职院校当然归属于高等学校的范畴，《高等学校章程制定暂行办法》即当然成为确定高职院校章程构成要素的上位法依据。从立法层面看，高职院校章程的一般性构成要素包括两个层次，即法定要素和自主权要素。

1．法定要素

根据《高等学校章程制定暂行办法》第七条的规定，章程应当按照高等教育法的规定，载明如下内容：办学资源、办学宗旨、办学规模、学科门类的设置、教育形式、内部管理体制和经费来源、财产和财务制度、举办者与学校的关系、章程修改程序以及其他需要章程规定的事项。这其实是对《高等教育法》第二十八条内容的进一步细化，是法律规定的高职院校章程的必备要素。

2．自主权要素

《高等学校章程制定暂行办法》关于章程内容的规定只给出了一个基本框

架，具体内容还是要由各高职院校根据实际情况自主设计。其中法定要素与自主权要素具有内在的统一性。第七条规定了章程的必备法定要素，而第八条至第十二条则针对内部管理体制这一核心法定要素划定了自主权的边界，即在法定的范围内，高职院校在具体制度设计上可以享有自主选择权。

自主权要素主要包括以下四项核心要素：

（1）高职院校领导体制要素。我国法律规定高职院校的领导体制是党委领导下的校长负责制，这是高等教育法律明确规定的原则，而这项原则的具体实现方式则是各高职院校在章程制定中需要首先思考和解决的问题。一方面是将法律原则具体化，根据本校实际制定实施原则或意见；另一方面是制度建设空间的弹性化，通过制定事项的提交、审议和决策的机制，实现决策的科学民主化，同时要明确党委会和校长的职权范围，使法律原则明确化。

（2）高职院校的内部治理结构要素。高职院校的内部管理体制是章程的法定要素之一，但具体如何搭建学校的组织机构框架，则由各高职院校自主选择。高职院校要遵循“精简机构、整合职能”的法定原则，通过章程的制定认真梳理和反思学校在内部治理结构中存在的问题，搭建起一套既符合高等教育发展趋势，又符合学院发展要求的组织机构框架。

（3）高职院校学术管理体系构建要素。维护学术的独立性是高校的重要特征，高职院校也不例外。在学术管理体系的构建中，高职院校可以在两个方面实现自主权：一是学术体系的构建与监督；二是处理好学术权力的边界与行使规则。此外，各高职院校在章程建设中还要确定学术评价的基本原则，学校要有自主制定学术标准的权利，当然这种标准一方面要体现对学术的尊重，另一方面还应进行细化描述，使之具有可操作性。

（4）校内民主监督与管理机制要素。实现校内的民主监督是现代高校制度的重要内涵之一。高职院校的章程中应当明确校内民主管理的组织和机制，如教职工代表大会、学生代表大会等组织的功能和职责等。

上述四项核心要素是高职院校彰显办学自主权的集中表现，高职院校在章程制定中应当集思广益，为自主办学奠定制度方面的基础。

（二）高职院校章程的特殊性要素

高职院校章程的特殊性主要由职业性要素和行业性要素构成。

（1）职业性要素。大力发展现代职业教育，是今后一段时期内职业教育发展的核心目标。现代职业教育的“终极产品”是打造出适应劳动力市场的需求，培养兼具学术知识、职业技能、职业素养与可持续发展能力的综合性职业人才。实现这一目标既需要国家宏观政策层面的把控，更需要各高职院校在衔接政策的章程中通过具体有效的制度设计加以保障。职业性要素包括以下四个方面：

①校企合作机制体制要素。根据《高等学校章程制定暂行办法》第十三条规定，章程中应当包含“学校与社会关系”的要素，学校应采取设立董事会或者理事会的方式，进一步加强与政府、行业企业以及社会各界的实质性合作，形成多赢的格局。究竟建立何种机制，采取何种合作方式，才能真正使政、校、行、企形成合力，共同推动高职院校发展，是各高职院校章程制定过程中急需明确的问题。简言之，政府的推动、企业的自觉、高职院校合作方式的选择，是解决问题的三个着力点。董事会、理事会、职教集团、专业建设指导委员会，无论选择哪种方式，都应当在章程中有所体现，并且需要从组织形式、地位作用、议事规则、决策机制等方面使合作形式制度化、规范化，这样才能真正发挥合作组织的作用。

②“双师”队伍建设要素。教师或教职员工是高职院校章程中必备的要素，但职业性的特征要求高职院校的教师队伍应当区别于本科院校。除了规定教师的权利和义务、师德建设、教师的培养与考核以及教职员工参与民主管理等制度，还应当在章程中体现对“双师型”素质教师的规范，包括双师素质教师的认定原则、权利义务以及管理制度等内容。

③社会服务要素。社会服务是高校的四项基本职能之一，而加强产学研合作、提高高职院校社会服务能力，更是评价高职院校发展水平和能力的重要指标。因而社会服务应当作为高职院校章程的一项基本要素，在总则部分加以体现，具体可以包括社会服务的范围、类型、功能以及形式等。

④实验实训体系要素。高水平的实践技能型人才是高职院校人才培养的终极

目标，实验实训体系是考核高职院校办学水平与人才培养能力的重要参数。高职院校可以在章程中“人才培养”部分规定实验实训体系的相关制度，可以结合本校实际情况和办学特色，通过章程将实验—实训—实习三个层次的实操体系制度化，使人才培养过程更加规范。

（2）行业性要素。由于高职院校着力培养职业技能型人才，因而很多高职院校在办学过程中行业背景鲜明，都是依托于地方经济的支柱性产业或者某些特殊行业不断拓展办学空间，比如交通类高职院校、化工类高职院校、信息类高职院校、经贸类高职院校等。这些行业特色鲜明的高职院校在章程制度中无疑要体现与行业人才培养相关的特殊制度。

高职院校章程既要包含高校章程的共性要素，即法定要素和自主权要素，也要包含高职院校的特色要素，即职业性要素和行业性要素。它们要有机结合，协同发挥效力，这样才能实现高职院校内部权力合理配置、外部多方利益主体多赢合作，提高高职院校的办学效益，实现高职院校的自主办学，推动高职院校的发展。

三、明晰高职院校章程的确立程序

高职院校章程建设必须按照相应的程序有序进行。章程制定工作既包括章程的拟定、讨论、通过、公布等环节，也包括以章程为依据，对学校规范性文件的清理、修订和完善，还包括根据学校和社会发展的需要，不断对章程进行修订和完善。高职院校应严格规范章程制定工作程序。据徐元俊总结，高职院校章程的制定程序包括如下六个步骤：

（一）章程制定的准备

制定大学章程是一项十分严肃而慎重的工作，为了提高章程的科学和合理性，必须做好前期准备工作。一般来说，制定大学章程的准备工作主要包括三个方面：

（1）在学校党委的统一领导下成立章程制定或修订工作委员会，领导章程的制定或修订工作，研究本校章程制定工作的实施方案或计划，明确章程制定的方向、程序和时间表。该委员会必须是由院校级主要领导牵头，由副校级领导、各职能处室负责人、院校内各方面代表以及法律专家参与的具有广泛代表性的机构。

（2）广泛收集国内外同类高校的有关章程及相关的法律法规、规章政策等的文献资料及研究成果，分类研究，用于参考和借鉴。

（3）拟定章程草案，通过召开座谈会、专家论证会、网络征求意见等多种形式，广泛征求教职工、学生、管理人员、社会相关组织、行业和教育主管部门及专家等的意见，充分吸收有益意见并反复推敲、斟酌、修改，以便在提交审议之前能提供较为成熟与完备的章程草案。

（二）章程草案的审议

审议是指具有章程制定权的机构或者主要的章程影响主体对章程草案进行审查、讨论和修改的专门活动。一般地，章程草案需提交院校教职工代表大会讨论、校长办公会议审议、学校党委会议审定，形成章程核准稿后报送上级教育主管部门进行初步审核和高校章程核准机构评议，经核准的章程正式文本向本校和社会公布。章程审议的内容包括四个方面：一是章程草案中的条款是否与宪法、教育法律法规相抵触。二是章程条文的结构是否符合逻辑，章程规定用语、概念是否规范、准确、清楚，文字表达是否清晰、无歧义，以保证章程文本的质量。三是章程条款是否有必要性和可行性，以保证学校章程颁布后有效调整和规范利益关系。四是章程内容是否全面、正确地反映了学校各方利益。审议过程首先要听取提案人的说明、就草案进行质疑，在质疑过程中阐述自己的意见，再经过讨论，提出修正、补充的意见，综合汇总意见，进行章程的修改完善。

（三）章程草案的表决

表决是指具有制定权的机构对审议、修改后的章程草案表示赞成还是不赞成的态度。表决一般采取公开表决和秘密表决。公开表决是指在表决草案的过程中，不掩盖表决者所采取的态度。秘密表决是采用不记名投票方式对草案表示赞成、反对或弃权的态度。草案通过的原则通常是少数服从多数，出席会议人员2/3 以上赞成即为通过。

（四）章程的审核

审核是指学校将已经通过的章程呈送教育行政主管部门审核批准，这是学校章程的重要法律渊源之一。《教育部关于加强教育法制建设的意见》《教育部关于加强依法治校工作的意见》中明确指出：章程制定完毕后都必须“报请教育主管行政部门审核”。由政府有关部门审核章程，这也是国外大学章程制定的惯例。

（五）章程的公布

公布是指将已经通过的章程以特定的方式向公众公开发布的行为。章程经教育行政部门核准后，虽然具有了法律效力，但尚不为人所知，还不能发挥其调整高校利益相关者之间的关系、规范高校利益相关者行为的作用，必须将章程公之于众，以便使广大师生员工、校企合作单位、社会人员等都能够了解、执行和遵循章程。章程的公布涉及三个问题：一是谁拥有章程的公布权。一般来说，章程的公布权和签署权是紧密相连的。在我国，校长是学校的法人代表，理当承担管理校内事务、理顺校外各种社会关系的责任。因此，章程应由法人代表——校长行使公布权。二是公布的方式。章程一般应该在特定的刊物和校园网上公布。三是公布的内容。公布的文字材料应该包括已正式通过的章程文本和颁布章程的文本。其中，章程文本是核心。颁布章程的文件应明确章程制定的目的、章程制定的机关、章程通过和审核的时间、章程生效的时间、颁布章程的机关等。

（六）章程的备案

高职院校章程制定好后，应该按照规定向学校教育行政主管部门备案。如果不报上级主管部门备案就直接生效，其法律效力就会受到质疑。缺乏备案程序的大学章程也是不符合教育法、高教法等有关法律规定以及章程制定要求的。

四、促进高职院校章程的推行

高职院校章程的确立仅仅是迈出了第一步，还要坚持不懈地贯彻落实，大力推行，才能最大程度地发挥高职院校章程的作用，为高等职业教育在依法治校的前提下持续、快速、健康的发展做出贡献。

（1）以章程为统领，构建系统完善的配套制度体系。章程是高职院校发展建设的主干和指导，相关配套的制度体系则是学校建设的枝叶和辅助，是章程能够切实发挥作用的保障。首先，结合学校实际构建科学完善的制度体系。深入教学和管理一线调查研究，全面清理、完善、更新现有的规章制度。进一步理顺内部管理体制，扎实开展各项管理改革，着力调动全员工作的积极性，形成管理体系顺畅、制度体系清晰、责任体系明确的工作状态。其次，建立操作性强的具体考核体系。按照过程管理和目标管理并重、分项考核与综合考核相结合的原则，形成制度体系完备、监督体制健全、考核评价机制科学的校内规章制度体系。再次，建立学校各项制度违反章程检查制度，制定其他制度前必须进行符合章程审核制度、违反章程追责问责制度、章程推行例行检查制度，用制度的刚性保障章程的推行。最后，把章程建设和实施情况作为学校信息公开的重要内容，应积极主动地接受学校举办方、上级教育行政主管部门、全校师生员工和社会各界的监督，并且把相关的意见和建议作为章程修订的重要依据。

（2）建立章程推行监督机构，开展章程推行效果测评。如果仅规定章程的法律地位，而没有相应的问责机制，推行章程就会受阻。《高等教育法》应从更高的层面规定违反章程的法律责任，否则章程在运行时就不会得到尊重。高职院校成立监督委员会，监督委员会对校长负责，专门对章程的推行情况和遵守情况进行监督和检查，对违反章程的现象有检查权、调查权、建议权、处分权。教育主管部门要强化章程推行效果的测评工作，建立可量化和分解的高职院校章程推行效果测评体系。按照测评体系要求，组织章程确立及推行方面的专家针对高职院校章程推行效果进行标准化测评。测评要按照量化指标评出章程推行情况的优劣等级，对测评结果为优秀的高职院校要鼓励和表彰；对测评结果不达标的高职院校要求其限期整改，确保达标。以章程推行效果测评推进高职院校章程建设，达到“以评促建、以评促改、以评促管”的目的。高职院校自身也要适时开展章程推行效果自我测评。

（3）不断健全完善党委领导下的校长负责制，充分发挥学术委员会的作用，为章程推行创造条件。

①不断健全完善党委领导下的校长负责制。高职院校应根据教育部和地方教育主管部门要求以及章程自身建设要求，结合高职教育的实际情况进一步健全和完善党委领导下的校长负责制，理顺学校党委、行政和学术之间的关系。高职院校应按照党中央颁布的《关于坚持和完善普通高等学校党委领导下的校长负责制的实施意见》，结合学校自身的办学实际和办学特点，坚持党委的领导核心地位，保证校长依法行使职权，认真贯彻落实党的民主集中制原则，坚持集体领导和个人分工负责相结合，建立党委统一领导、党政分工合作和协调运行的工作机制。这是中国特色现代大学制度建设最重要的特征，也是中国大学沿着社会主义方向发展的保证。

②充分发挥学术委员会的作用。有了章程，就意味着高职院校有了自己的“宪法”，有了自主管理最基本的文件，有了制定其他规章制度、设立管理部门和学术机构、开展管理工作和学术活动的依据。章程将学术委员会作为最高学术机构，在学校发展规划制定、专业布局优化、教风学风建设、师资队伍培养和人才培养模式建设等方面发挥着至关重要的作用，因此，高职院校要充分发挥学术委员会的作用，保证学术委员会工作的独立性和客观性，这样才能将教授治校、教授治学落到实处。

五、章程建设过程中要处理好几个关系

高等职业教育作为我国高等教育改革和发展中出现的一种新的教育类型，有别于普通高等教育，具有“跨界”的特点，高职院校在章程制定过程中，涉及一些带有普遍性的难点问题，尤其要注意通过处理好几大关系加以解决。

(1)举办者与学校的关系。由于和地方经济更加紧密的联系和以区域人才培养为重点，国家教育主管部门将高职院校划归省级地方政府管理。以工学结合的高技能专门人才培养为特色的高职教育在校内外实训基地、双师型教师队伍等方面需要更大的投入，人才培养的成本高于一般本科院校，而政府的低投入却是目前高职教育较为普遍的状况。时至今日，除少数经济发达地区外，不少省份尚没有形成拨款机制和投入办法，仍将升格前中专（中职）的办学经费作为基数适当

增长拨付；至于民办的高职院校，经费和设备投入就更为可怜了。校企合作、产学结合是高职教育最大的特色，在校企合作过程中缺乏对企业参与合作的激励机制和政策引导，致使企业参与办学的积极性不高，也使高职院校在寻求校企合作中举步维艰，高职教育的发展急需政府加大财政投入和提高政策扶持的力度。此外，高职教育直接为生产、建设、管理、服务第一线人才培养服务，对人才和就业市场的反映最直接，更需要灵活主动地适应市场变化，而在教育主管部门和行业主管部门的双重束缚下，高职院校自主办学的空间十分缺乏，自主发展的积极性和创造性都无法发挥。，基于这一背景，高职院校应充分利用章程制定契机，逐步改变这一现状。

高职院校章程制定的过程，既是理顺管理体制、科学管理大学的过程，也是高职院校不断落实和扩大办学自主权的重要过程。《高等教育法》第二十八条规定，高等学校的章程应当规定以下事项：举办者与学校之间的权利、义务。《章程制定办法》第七条明确，章程应当按照《高等教育法》的规定，载明以下内容：学校的举办者，举办者对学校进行管理或考核的方式、标准等，学校负责人的产生与任命机制，举办者的投入与保障义务。作为中国大学章程的特色条款，“学校与举办者的关系”是大学章程的必备内容。举办者的权利与义务、学校的权利与义务，在章程中应适当集中表达。相关条款可集中为一章，也可将有关内容分散到相关部分。其中，举办者权利应包括审核章程草案、任命学校领导、监督学校执行法律法规和章程的情况、依法监督学校国有资产与财务管理等。“义务”则应涵盖投入保障、办学自主权保障等。

（2）学校与社会的关系。高职院校章程除了要规定好与政府组织的关系之外，还要规定好与社会组织的关系。

校企合作是我国高职教育改革、建设和发展中的重要特征，是培养高端技能型人才的有效模式。相比较本科院校，高职院校一般都有鲜明的行业背景，在培养高技能人才的过程中更加离不开行业、企业和校友的支持，更加需要社会力量参与办学。所以，高职院校章程应该规定好行业企业与高职院校在专业建设、校内外实训基地建设、双师型师资队伍建设、订单培养、共编教材、共同制订人才培养方案、接收高职毕业生等方面的合作关系，促进高职院校与行业企业的合作更加深入。高职院校应该吸引社会各方力量参与办学，其中校友资源越来越得到高职院校的重视。尤其是具有行业背景的高职院校，由于其本身的行业定位，校友资源在校企合作、订单班培养、就业导向等方面具有更加直接的促进作用。

国家大力推进中国特色现代大学制度建设，鼓励探索建立高等学校理事会或董事会制度来扩大社会合作，一些高职院校已经走在了前面。通过成立包括政府、行业企业代表、社会投资者、杰出校友代表、社区代表等参加的学校董事会或理事会，为社会各方合法参高职院校的管理提供了合法通道。高职院校应该积极探索办学理事会或董事会制度，规范理事会或董事会的成员组成、权利义务以及参与高职院校管理的合法通道，将这一制度以法定的形式固定下来，从而更好地促进高职院校形成科学合理的外部治理结构。

（3）学校与二级学院的关系。学校和二级学院是整体和局部的关系。高职院校普遍实现了二级管理，但是学校和二级学院两级管理的权限如何进行科学合理的划分，一直未能得到很好的解决。二级学院往往从自身利益考虑，总是希望学校放权，扩大自主管理的范围。但就目前我国高职院校的管理水平和管理现状来看，学校究竟要下放哪些权力给二级学院，确实需要做出科学合理的界定。否则，由于缺乏自律、监督和制约机制，在实践中，往往会出现这样或那样的问题。因此，在章程制定过程中，一定要发扬民主，广泛征求全校广大教师的意见，对哪些权力应下放给二级学院，如何监督这些权力的实施，需要在广泛调研、充分论证的基础上，做出明确规定。

章程中关于学校管理体制的一般规定，首先要明确学校实行两级管理。按照精简、高效的原则，设置党政职能部门和直属单位；根据专业建设和人才培养工作的需要，设置二级学院；学校党政职能部门根据分工和学校的授权，对二级学院的教学、科研、学生以及党建等工作履行管理和服务职责。其次是清晰界定校院两级的权力与责任，根据“事权相宜”和“权责一致”的原则，在人、财、物方面赋权二级学院，对于二级学院的发展规划制定、专业建设、师资队伍建设、教学、科研等方面所行使的职权应给予足够的自主权，以充分调动学院办学的积极性，增添改革、发展的动力，激发创新的活力。最后是加强指导监督，一方面规定二级学院必须建立并不断完善学院内部治理结构（以党政联席会议制度、教授或学术委员会制度和教代会、学代会制度为基本形式），另一方面规定对二级学院实行年度工作目标考核制度。

章程在关于二级学院的章节中要明确学院的权责和主体地位：学校层面以宏观调控为主，重在建立指导、服务、考核和监督的运行机制；二级学院层面具体负责教学、科研、专业建设、师资队伍建设、质量控制、人才培养、学生管理及其他日常管理工作，在人才培养、科学研究、社会服务等方面充分发挥主体作用，确立二级学院的办学主体、质量主体和责任主体地位。要清晰二级学院的领导决策制度:在强化学院党政共同负责制的基础上，实行二级学院校企合作委员会、教授或学术委员会、二级学院教代会、二级学院学代会等参与决策制度。明确二级学院的决策权，学术事务决策以教授或学术委员会为主，将新专业开设、重大合作项目等方面的决策权交给校企合作委员会，涉及教职工和学生重大利益的事项交给二级教代会、学代会决策，党政联席会议主要抓综合性的重大决策。要建立约束机制，自觉接受学校的监督考核，使二级学院严格按照学校的授权行使权力、承担责任。

六、加强高职院校章程的基本理论研究

伴随着高等职业教育改革的深入推进及其面临的社会经济政治形势的变化，高职院校章程在构建现代高职院校制度中的作用日益重要；相反，关于高职院校章程的研究仍然极为薄弱，无法为制定、实施高职院校章程提供有力的理论指导。因此，高职院校章程研究作为高等职业教育理论研究的重要领域，亟待引起人们的高度重视。可以考虑采取如下举措：

（1）以科研课题立项推动相关研究。各高职院校要针对本校实际，把制定、实施和修订高职院校章程研究作为校级重点课题立项，由校领导主持带领一批人员开展相关研究，为制定、实施和修订本校章程服务。

（2）围绕重点内容开展研究。与高职院校章程建设相关的研究内容有：高职

院校章程的目的、意义、结构以及理论基础研究；积极开展国外特别是发达国家同类院校章程的国际比较研究，寻求制定、实施高职院校章程的共同规律；国内制定、实施高职院校章程的现状、问题和经验的实证研究，进而为制定、实施高职院校章程提供依据；高职院校章程和其他类型普通高校章程的比较研究，探讨制定、实施高职院校章程的性质、特点和规律。

（3）上级教育科学规划部门要发挥研究引领作用。上级教育科学规划部门要立足于构建现代高职院校制度的需要，对包括制定、实施高职院校章程研究在内的相关课题进行立项，进而为制定、实施高职院校章程的实践提供理论指导。

高职院校章程建设是一项系统工程，其涵盖的内容非常丰富，牵扯的面也非常广，既要与国家政治体制、经济制度和历史文化传统紧密相连，又要符合章程建设的内在规律和高职教育办学历史和发展实际，需要国家、教育主管部门、高校统筹协调和密切配合，需要高等教育管理者和教育工作者认真思考、不断探索，才能做好章程建设工作，为高职教育事业持续健康发展做出贡献。

第四章　高职院校治理制度现代化

第一节　全面质量管理制度体系建设

高职院校内部制度体系建设既需要借鉴治理相关理念，也需要借鉴国内外比较成熟的内部制度体系建设框架，比如以 ISO 9001 为标准的内部制度体系建设。

按照国际标准化组织的界说，全面质量管理是指：一个组织以质量为中心，以全员参与为基础，目的在于通过让顾客满意和本组织所有成员及社会受益而达到长期成功的途径。全面质量管理在高校管理中具有应用的可行性和必要性。

一、质量管理的发展历程

质量管理作为一项专门管理活动是从 19 世纪末工业化生产开始。到 20 世纪后期，质量管理的发展已经经历了三个发展阶段：一是以事后检验为主的质量检验管理阶段，二是以预防为主的统计质量管理阶段，三是以强调质量持续改进为主的全面质量管理阶段。

（一）质量检验管理阶段（19 世纪末到 20 世纪 40 年代）

在工业化出现之前，制造厂商完全依赖于工匠自定规格、自定标准、自把质量关。但随着工业化的出现，大批量的生产已经不能够采用这种方式，于是消除次品、降低成本成为厂商考虑的问题。1881 年，美国工程师泰勒进行了一个著名的“生铁搬运实验”，奠定了泰勒式科学管理的基础。其要求将计划与执行分离，并将质量检验作为一道专门的工序从生产过程中分离出来，于是出现了“质量检验”的管理方式。这种管理方式的特点：一是标准由生产者预先设定，与消费者无关，即“质量”是生产者的质量，而非消费者的质量；二是质量管理是根据生产者的标准对产品进行质量查对，这是一种事后检验的产品质量控制方法；

三是质量管理与生产制造分离，产品出现质量问题追究的是质量检验者的责任，而不是生产者的责任。

（二）统计质量管理阶段（20世纪20年代到20世纪60年代）

第一阶段的质量检验出现了一些缺陷：一是事后检验不能预防不合格产品的产生，二是全部产品的检验增加了生产的间接成本，三是生产过程缺乏必要的督促和提醒，产品质量不够稳定。为此，人们开始研究新的模式。20 世纪 20 年代，贝尔研究所和霍桑工厂进行的统计质量控制实验引起了美国军方的重视，美国军方决定在产品质量管理中启用统计质量控制方法，采取制定质量标准、培训检验师、强制执行质量标准等方法。其特点是注重对生产过程的质量控制，成立专门的质量控制部门，专门负责对生产过程的质量分析与控制，采用统计方法及基于统计方法发展起来的各种统计质量管理工具。统计质量管理模式强调质量的预防性控制并将之和事后检验相结合，同时强调了定量分析。

（三）全面质量管理阶段（20世纪60年代至今）

1961 年，美国著名质量管理大师费根堡姆提出了全面质量控制的理念，除了对产品进行质量管理外，还将设计、制造、成品机售后服务等项目纳入质量管理中，强调“全面”“全过程”，甚至将治理管理向售后服务、顾客使用满意度延伸。尽管全面质量管理的理念由美国人首先提出，但其实践和完善在日本。“二战”后的日本面临战后恢复，推行“以质量取胜”的战略，日本科学家与工程师联合会于 1950 年邀请美国当时著名的质量管理大师戴明、朱兰到日本，帮助日本企业提高产品质量，形成了日本企业界称之为“全公司范围内的质量管理”模式。其特点是：确立质量第一的理念，一切以用户为中心，围绕“让用户满意”开展工作，将用户对产品的使用纳入生产工序，强调各工序的相互衔接、相互协调，防检结合，以防为主，注重发挥一线员工的积极性等。1980 年美国人喊出了“请回戴明”口号，美国企业界邀请戴明等人在日本的“全公司范围内的质量管理”模式的基础上，开发改造出美国的全面质量管理，直至 1989 年，美国国防部正式提出了全面质量管理概念。

二、高校实施全面质量管理的可行性

（一）全面质量管理的原理具有普适性

全面质量管理最早应用于制造业，但很快就推广到服务业并且获得了巨大成功，如美国的联邦快递公司一跃成为该行业的龙头，英国玛莎百货公司成为英国当时赢利最高的百货连锁集团。根据教育的服务性特点，《世贸组织协定》第十四条款将教育定义为服务行业。由此可见，学校管理也适合全面质量管理。美国的俄勒冈州立大学和英国的胡弗汉普顿大学引入全面质量管理大大降低了教育成本，提高了教育的质量和效益，得到了美国教育部的高度好评。

（二）高校对质量的追求与全面质量管理的要求一致

1998 年召开的首届世界高等教育会议明确强调了质量的重要性，并将提高教育质量列为世界高等教育改革的中心议题之一。产品的质量是企业的生命线，对于高等学校来说，其产品——学生、科研成果和社会服务的质量也是学校赖以生存和发展的根本。全面质量管理强调全员参与下的全面管理，这与高等教育对质量的要求一致，办学校如同办企业一样，对质量的追求是永恒的主题。

（三）高校逐步走向以顾客为中心的服务意识

高校与企业一样，都必须追求服务意识。制造业原本“以产品为中心”，逐步转变到“以顾客为中心”，从“卖方市场”转变到“买方市场”，提出了“顾客就是上帝”的口号，在提升产品质量的同时更加注重服务质量的提升。职业教育采取“订单培养”等方式，也是以顾客为中心的办学方式，体现了学校服务企业的意识。

三、高校实施质量管理的特殊性

高等教育与企业经营管理有着本质的区别，高校的全面质量管理有其特殊性。

（一）高校与企业有着本质不同

企业生产的是产品，高等教育培养的是人才，人才与产品具有完全不同的性质。教育的本质是一种培养人的社会文化活动，以人为本，提高人的素质是教育价值的核心，对高等教育人才培养质量评价标准不能照搬对企业产品的评价标准。

（二）高校与企业的社会责任不同

高等教育机构是非营利性公益社会组织，企业是营利性的社会组织，两者承担的社会责任不同。企业产品质量的好坏影响的是企业的品牌和消费者的利益，一般不对全社会造成大的影响。而高等教育培养的人才具有广泛的公益性，人才质量直接影响国家民族的发展。由此，高等学校人才培养的社会责任远远大于企业产品生产的社会责任，在高等学校实施全面质量管理要注重研究高校的特殊性。

（三）高校与企业的运营方式不同

企业运营讲究成本核算，遵循经济规律；高校运营讲政治，强调人才成长，遵循教育规律。物质产品的生产与人才的培养在运营上有本质的差异。因此，企业的质量管理模式不能机械地移植到高校，必须在尊重差异性的基础上，科学移植，合理借鉴。

四、高校全面质量管理的内涵

高校全面质量管理是指在高校高层管理者的领导与参与下，以教师为主导，以学生为主体，以培养德智体可持续发展的高素质人才为中心，以全校人员参与质量管理为基础，以让学生、家长、社会、政府满意和学校、社会受益为宗旨，以有效的质量保障为手段，学校所有部门同心协力，综合运用现代管理技术和科学方法，预防并控制影响教育质量的主要因素，经济、高效、系统地实现高校规模与质量持续协调发展的管理理念、模式与方法。其内涵具体表现为以下方面：

（一）强调教师是提高教育质量的主导资源

教师是知识的主导传授者，在提高教育质量过程中起着主导作用，这符合我国“百年大计，教育为本；教育大计，教师为本”的现代教育思想。

（二）强调可持续发展的高质量人才观

既要注重学生德智体等智力因素和待人接物等非智力因素的全面协调发展，还要注重学生适应未来社会发展变化所需要的跨界学习能力、多岗位适应能力的培养。

（三）强调以学生为中心的教育观

"一切为了学生，为了学生的一切，为了一切学生"这种现代教育理念正是体现了以学生为中心的教育观。实施全面质量管理的最终目的是为了学生的可持续发展。

（四）强调以预防为主的全过程的教育管理

在学习型社会和高等教育大众化的背景下，高等教育不再是一个终点，而是终身教育的一个组成部分，高校除了关注学生从入学到毕业的全过程培养，还要注重从毕业到再培训的教育过程，做到"事先预防""事中监管""事后把关"。

（五）强调质量管理的全员性

高校人才培养不仅仅是教学部门的事情，也不仅仅是老师的事情，全校员工都要为高等教育质量提升做出努力，从环境育人、文化育人的角度做好教育质量提升。同时、政府、社会和家长也是人才培养的一个重要主体，要从关心呵护人才成长的角度支持学生成长，做到全员育人。

第二节　高职院校治理制度体系构建路径

高职院校治理制度体系建设要以章程建设为核心和统领，以提升院校质量管理水平，特别是教育教学质量管理水平为目标，在法律制度范围内，本着以人为本、公正公开的原则，构建符合社会发展实际和院校发展特点的治理制度体系。

一、治理制度体系建设的原则

（一）法律优位原则

法律优位原则，是行政立法中重要的原则，是指其他国家机关制定的一切规范，都必须与全国人大制定的法律保持一致，不得抵触。这在我国宪法和有关组织法中有明确规定：国务院根据宪法、法律制定行政法规，国务院各部、委根据法律、行政法规制定规章，地方政府根据法律、行政法规和地方性法规制定规章。同样，高职院校制定规章制度的权力是法律所赋予的，其效力也是国家法律所认可的，违反国家法律的规章制度是无效的。高职院校要在认真学习国家相关法律和相关行政部门法令法规的基础上制定内部规章制度，并聘请法务对规章制度内容进行把关，确保其符合国家和地方的法律法规原则和要求。

（二）以人为本的原则

以人为本，是科学发展观的核心。“坚持以人为本”，是党的十六届三中全会《中共中央关于完善社会主义市场经济体制若干问题的决定》提出的新要求。只有坚持以人为本，才能真正实现人与自然、人与社会、人与人之间的和谐发展。高职院校在制定规章制度的时候要充分体现人的主体性，发挥人的主观能动性，制度建设要把人的发展作为首要考虑的因素，要把尊重人、激励人、解放人和发展人作为制度建设的指导思想，树立服务的理念，按照人的成长和发展规律办事，达到组织发展与个人发展的和谐统一。

（三）民主公开的原则

民主和公开是规章制度科学制定和良性运行的保障。高职院校在制度建设过程中要发动广大师生广泛参与，在广泛征求意见的基础上开展制度建设，特别是在涉及广大教职工切身利益的制度审议过程中，要自上而下、自下而上反复讨论，保障制度能够切实代表广大教职工的利益。在制度执行的过程中．要严格按照制度规定的内容和流程执行，并做到公开透明，公平公正，让制度成为全体教职员工共同遵守的规范，树立制度的可信度和权威性。

二、治理制度体系建设的方法

高职院校内部制度体系建设主要抓住两个方面：一是要重点建设好高职院校章程，并以章程为总纲，开展内部相关制度建设；二是在制度形式与逻辑上结合高职院校追求质量的办学宗旨，借鉴全面质量管理理念，开展以全面质量管理为核心的制度体系建设。

（一）以章程为统领的内部制度体系建设

如前所述，章程是学校治理的统领和核心，章程建设要从制定程序层面、制定内容层面及章程实施层面三个方面开展，保障章程建设的科学性和有效性。

1．保证多元主体的共同参与

章程是学校利益相关者的共同保障，是学校办学质量提升的保障，要制定规范、全面，体现特色和具有前瞻性的章程，必须充分考虑学校相关利益群体的合理诉求。一是要专门组建章程制定或修订工作委员会，由校领导牵头，学校相关行政部门负责人、教师、学生代表等共同组成，负责章程的起草工作。二是要广泛征求广大利益相关者的意见和建议，既要征求校内师生员工的建议，也要征求校外利益相关者如政府管理部门、行业企业和家长、校友等各方意见，同时还要征求有关法律专家的意见，保证学校章程的合法性和文本的规范性。三是要结合征求的意见对章程进行修订完善，然后再次征求意见，直至章程相对完善。四是章程的确定要提交教职工代表大会表决通过，如果表决不通过，要根据意见再行修改。五是在校内通过的基础上，将章程报上级教育行政部门核准，在核准通过后，公开发布章程。章程制定的程序要严谨，要充分调动利益相关者参与章程制定的积极性、主动性和能动性，确保章程真正代表了广大相关者的利益。

2．将高职教育的共性与办学的特色结合起来

特色并不是为了标新立异，而是学校办学理念、思路和方法在章程中的自然流露。为此：一是要结合学校发展现状、发展理念、发展目标和愿景、发展定位等，制定符合学校治理文化的章程，满足学校内涵式发展的需要，促进学校办学质量的提升。二是要结合本校实际，在总结经验的基础上，对有利于学校发展、

经实践证明有效的做法和经验，在提炼的基础上固化在学校的章程中。三是要充分体现学校的文化特色。学校文化是指学校长期形成的并为全体师生所认同的校园精神、校园制度、文化氛围，以及承载这种精神、制度、文化氛围的活动形式和物质形态的总称。学校的文化是彰显学校办学特色的一张名片。学校在制定或修改章程时要注意对已有校园文化的传承，并加以提炼、升华，以校园文化引领个性化发展。

3．“硬”管理和“软”管理有机结合

章程能否有效地得到执行，首先在于校长的勇气和行动，作为一校之长要带头收集、研究关于学校章程的研究成果和国内外较好的学校章程文本，积极调动学校管理层和广大教职工学习章程建设的有关精神和知识，向他们解读学校章程文本，倾听他们的意见建议，使学校章程充分体现学校各方成员的共同意志，将章程的有关规定转化为教师、学生的自觉行为，成为大家乐于遵守的“公约”。同时，校长要带头去落实章程，依法办事、按章程办事，以自身的行为为全校师生树立榜样。学校章程的实施既要体现刚性，确保利益相关者共同遵守，更要充分体现尊重和激励的管理理念。从制度功能的角度讲，学校制度文本内容要具有发展性，要对教师和学生的发展起到更大的激励作用，而不是仅仅起到约束作用。要充分尊重教师、学生的相关权利，多通过激励性的民主管理方式，体现对广大师生的人文关怀，增强教师、学生依法按章行动的自觉性。

（二）基于全面质量管理的内部制度体系建设

全面质量管理需要全体员工和所有部门共同努力，运用各种方法和手段，建立组织的质量保证体系。全面质量管理有利于激发全员共同参与质量治理，从而提升办学的能力和水平。基于全面质量管理的内部制度体系建设要从聚焦顾客需求、全员参与、过程导向、持续改进等方面整体设计制度体系。

1．聚焦顾客需求

全面质量管理的首要要求是以顾客为中心开展各项活动。顾客在购买过程中享受到的服务及产品功能将成为购买产品的依据。聚焦顾客要求做到以下方面：

一是设计顾客喜欢的产品；二是设计让顾客感到欣喜的产品；三是快速应对市场及顾客需求变化；四是能够预测顾客尚未表述出来的需求；五是不断开发强化顾客关系的新方法。高职院校一方面为家长培养孩子，努力促成学生的成长；另一方面为行业企业培养适用的人才，因此高职院校的顾客既包括学生及其家长，也包括行业企业。高职院校聚焦顾客需求，要做到聚焦学生及其家长的需求，聚焦行业企业的需求。在制度建设层面，要建立了解需求的通道，包括需求信息采集制度、信息反馈与评价制度，建立与学生及其家长以及行业企业的沟通对话机制，在充分了解需求、科学合理评价的基础上提升服务的质量，提供超越顾客期待的服务。

2．全员参与

全员参与是质量管理的保证。全面质量管理要求从顾客、采购、产品设计、制造、物流、销售到售后的每个环节都要关注质量，任何一个环节出问题都将影响产品的最终质量。有研究表明，虽然所有的检验和质量控制活动都发生在制造过程，但在所发现的产品质量问题中，有 60％—70％的问题是直接或间接地由产品设计、制造、原料采购、储存、装运等方面的缺陷造成的。高职院校开展全面质量管理要从招生、人才培养到就业等各个环节的人员参与质量管理，要在制度层面建立全员参与的机制，让高职院校全体员工将注意力集中到以学生为核心的人才成长全过程。特别是人才培养环节，涉及的工作众多，要在培养的各个环节建立人人参与的制度。并形成制度间的配套与配合，让每位员工的能动性在人才培养各个环节中得到体现。

3．过程导向

美国电话电报公司认为．过程就是工作为顾客创造价值的方式。全面质量管理关注的是质量形成的过程，在过程中形成和完善质量。高职院校人才培养质量同样要关注过程，这就要求细化人才培养环节，设计人才培养各个环节的配套制度，形成人才培养相关制度体系，特别要改变评价方式，改变传统的注重结果性评价的方式，形成过程性评价与结果性评价相结合的评价方式，并提高过程性评价在整个评价中的分量。

4．持续改进

全面质量管理的思想基础和方法依据就是 PDCA 循环。PDCA 循环的含义是将质量管理分为四个阶段，即计划（Plan）、执行（Do）、检查（Check）、纠正（Act）。在质量管理活动中，要求把各项工作按照做出计划、计划实施、检查实施效果的流程来完成，然后将成功的纳入标准，不成功的留待下一循环去解决。高职院校治理管理体系包括由计划与决策系统、实施与保障系统、检查与评估系统、反馈与改进系统组成的四大系统，各系统又可以分为若干子系统，在后面我们将会介绍。高职院校治理制度建设要围绕质量系统，设计相关制度体系，形成基于制度体系的质量循环。

三、治理制度体系建设路径—以教育治理监控与保障体系为例

高职院校教学质量监控与保障体系是高职院校治理制度体系的核心和保障，通过八个子系统的建设实现教学质量保障与监控体系，即教学质量生成系统、教学质量保障系统、教学质量管理系统、教学质量监督系统、教学质量信息系统、教学质量评估系统、教学质量反馈系统、教学质量改进系统。

（一）教学质量生成系统

教学质量生成系统由校党委会、校长办公会议、教职工代表大会和学校教学工作指导委员会、主管副校长、教务处和教学二级学院组成。其职责是遵循教育规律和现代教育思想，依据学校办学定位，确立和创新人才培养目标、相关教学环节质量标准、教学质量评估方案、教学质量评估体系及标准等。本子系统主要是通过运用必要的组织和制度达成对教学地位、模式与质量准则的共识，形成教学的质量评价准则和分专业质量标准。其关键质量控制点与相应的质量管理重点措施包括教学定位的确立、分专业定期修订培养目标、主要教学环节教学质量标准、二级学院教学质量评估方案、二级学院教学质量评估体系及标准、教学质量研究与创新等。

1．教学定位的确立

学校党委、行政负责贯彻执行党的教育方针，依据《中华人民共和国高等教

育法》等，确定学校的办学思路和目标定位，规划近期和远期教学工作的目标，建立教学管理制度，并保证实施。确定学校定位，可通过定期举行学校党委及行政工作联席会议(每学期不少于一次)和校长办公会议、适时组织教育思想讨论、举办教育高级研讨班、邀请专家做专题报告、总结概括办学经验等形式进行。学校每两年召开一次全校教学工作会议，审定修订教学定位，研究一个时期有关教学质量和教育教学改革的重大议题。

2．分专业定期修订培养目标

学校原则上每三年一次分专业重新修订培养目标与课程计划。修订工作应建立在现有教学水平评估的基础上，吸纳新的教学理念和教学改革成果，有充分的毕业生调研资料、在校生反馈资料、家长和社会需要方面的调研资料、专家研讨结论等。

3．分专业建立教学质量标准

结合学校教学目标定位，制定教学质量标准，以此为基础全面规范教学；同时，结合不同专业培养目标与培养模式，建立分专业教学质量标准。

4．二级学院教学质量评估方案、教学质量评估体系及标准等

结合学校教学目标定位，制定二级学院教学质量评估方案、二级学院教学质量评估体系及标准等。

5．教学质量研究与创新

结合时代发展，密切跟踪国内外不同院校、不同专业教育教学改革的发展，研究确立学校人才培养目标、培养模式、教学质量评价准则与质量标准，推动学校教学改革与创新。

（二）教学质量保障系统

教学质量保障系统由组织人事处、教务处、招生就业办公室、财务处、后勤管理处、实验和网络信息中心、图书馆等组成。其职能是为提高教学质量提供人（师资、生源）、财（教学经费）、物（校舍、实验室与仪器、实习实践基地、运动场馆设施）、图书资料信息等条件保障。本子系统通过相关制度和规定等，确保教学的投入以及投入的有效利用。其关键质量控制点与相应的质量管理重点措施包括教学经费与设备设施的投入、教师队伍建设、教学管理队伍建设、招生制度建设、专业建设、课程与教材建设、教学管理制度建设等。

1．教学师资队伍建设

加强教师学历、学位、职称、年龄、授课、培训、师德、教研制度等方面的建设，以此建立一支高素质、高质量的教学师资队伍。

2．招生制度建设

优质的生源是教学质量的关键环节，必须建立和完善相关制度，如“招生章程”等，切实予以保障。

3．教学管理队伍建设

创办一流的教育，首先要有一流的管理。建立高质量的教学管理队伍是加强教学质量管理的关键。要通过建立健全教学管理干部选拔条例，制定教学管理干部队伍建设规划，适时组织教学管理干部的选拔、考核、任用和调整，组织教学管理干部的进修、培训等，不断提高教学管理干部队伍素质。

4．教学经费投入

建立和完善财务预算条例、教学经费投入管理办法等，确保学校将落实教学经费投入作为一种制度，确保每年按一定的速度递增。

5．教学基本设施投入

建立和完善教学基本设施投入保障机制，确保教学行政用房达标，各类功能的教室齐备，运动场及体育设施满足人才培养需要；实验室配备完善，设施先进，利用率高；校内外实习基地稳定；图书馆馆藏资源丰富，管理先进、使用效果好；校园网络建设水平高，运行良好，在教学中发挥重要作用。

6．专业建设

专业建设是教学质量保障的重要组成部分，也是投入系统的主要质量控制环节之一。建立和完善专业建设与管理规定、新办专业建设暂行规定、校级重点专业建设工作实施意见等有关保障文件、工作程序、制度等，规定专业建设措施，加强专业特别是新专业建设。

7．课程与教材建设

课程建设、教材建设是教学基础建设的重要内容，课程教材投入是教学投入的重要内容，对教学的质量具有重要影响力。课程与教材建设的质量管理措施主要通过有关文件、制度、奖惩等来实现。因此要认真完善修订课程教学大纲的若干意见、课程建设与管理条例、校级精品课程建设工作实施意见、教材选用和采购管理办法、优秀教材评选奖励办法等规章制度，明确课程建设、教材建设的具体措施。

8．教学管理制度建设

教学管理制度体系包括对师生、管理队伍和教学环节的管理。为此，必须建立健全教师工作条例、学生管理条例、师德规范、学生守则、管理干部工作条例、校系教学工作责任人制度及工作会议制度、学校领导专门研究教学的会议制度、学校领导听课制度、学校领导联系二级学院制度等一系列管理制度，以此明确教师、学生、各级管理人员的行为准则和工作规范。教学工作是由一个个教学环节组成的，因此，除了对各类人员的工作进行基本规范外，还必须制定实施每个教学环节的规章制度。在专业设置与调整、课堂教学、调(停)课、教学文档、实验室和各类实习实训、课程考核、评卷和试卷复查及试卷保存等方面建立一系列教学管理规章制度。这些规章制度的建立和完善，一方面要充分体现以人为本、加强素质教育、强化质量意识的教育思想观念；另一方面，要通过制度的实施，充分保障整个教学秩序的有效运行。在建立健全管理制度的同时，还应注重制度的落实和严格执行，建立有效的激励和约束机制。

（三）教学质量管理系统

教学质量管理系统由校长办公会议、主管副校长、教务处和二级学院组成。本子系统通过相关制度和规定等，确保教学管理体制和机制的形成，以及二者的有效运行。其关键质量控制点与相应的质量管理重点措施包括校系两级管理体制、教学计划管理制度、教学常规管理工作、教师教学过程管理、学生发展过程管理、课程考试考核的管理、学生毕业实习（调研）报告管理等。

1．校系两级管理体制

它是以“校长分管副校长—教务处”为校级管理和以“系主任—教学秘书”为系级管理的两级教学管理体系，分别承担管理教学的工作。在以“校长—分管副校长—教务处”为校级管理的体系中，工作的重心是突出目标管理，重在决策监督，其中校长办公会议负责学校重大教学决策，主管教学副校长负责教学的日常决策，教务处代表学校全面负责教学管理；在以“系主任—教学秘书”为系级管理的体系中，工作的重点是突出过程管理和组织落实，具体组织落实和执行学校的教学任务，负责教师管理与指导。

2．教学计划管理制度

教学计划是高等学校培养人才和组织教学过程的依据，是实现人才培养目标和规格的首要环节和根本性文件。要规范教学计划的审批程序和变更程序，维护教学计划执行的严肃性，加强监督与管理。

3．教学常规管理工作

明确、优化学校教学常规管理的各个环节与要求；落实教学常规管理的各项责任；实现教学常规的规范化、制度化建设。

4．教师教学过程管理

完善教学规范与教学检查制度、中期教学检查规范、学生评教等制度。通过形成性教学评价，及时反馈并调整任课教师教学行为。

5．学生发展过程管理

通过健全和完善学生综合测评体系、校园生活指导、学生教学管理手册、分专业培养目标、教学计划与学习指导、社会实践规定、社团活动规范、学籍与学生管理、学生事务管理等方面的管理，加强学生发展过程的控制。重点控制学生评价、学习活动与教学计划、学习质量检查等。

6．课程考试考核的管理

制定关于考试考核和学生成绩评定的规定，把有关学生学业成绩考试考核的要求明确化、具体化；明确相关方面的具体要求和责任，规范考试考核程序与要求。

7．学生毕业实习（调研）报告管理

完善学生毕业实习（调研）报告的质量保障体系，加强过程管理，切实保障指导力量和经费投入，规范考核程序和要求。

（四）教学质量监督系统

教学质量监督系统主要由教学督导制度、听课制度、学生信息员制度、学生评教制度、教学检查制度组成。本子系统通过相关制度和规定等，形成有效的教学督导体系和运行机制。其关键质量控制点与相应的质量管理重点措施包括教学督导制度、听课制度、学生信息员制度、学生评教制度、教学检查制度等。

1．教学督导制度

教学督导制度是指学校教学督导组的督导员对全校教学秩序、教学质量及教学工作状况进行监督指导的工作制度。

首先，要完善日常教学督查体系，进一步完善学校、督导组及二级学院三位一体的教学督查体系，建立分工合作、灵活高效的教学督查机制。学校教学督查队伍由学校领导、督导组及相关职能部门人员组成，二级学院教学督查队伍由各教学单位领导及相关人员组成；学校、督导组负责全校的教学督查工作，二级学院教学督查队伍负责本学院的日常教学督查工作，教务处除安排并参加学校的教学督查工作外，还要负责各级教学督查队伍之间信息的沟通和服务工作。校级教学督查以定期检查和不定期抽查相结合的方式进行，要求每周深入教学一线检查工作不少于 2 次；二级学院教学督查要做到经常化和制度化，并要从本单位实际出发建立起领导带班的教学督查制度。

其次，要明确日常教学督查内容。日常教学督查队伍负责督查学校或二级学院的教风、学风建设，负责督查工作的安排和实施；督查教师教学计划、教学工作规程的执行情况，教学纪律及教学事故的调查与上报情况，对学生“课堂教学日志”反映的教学意见进行处理与反馈的情况。具体包括：教师课堂教学的组织情况、二级学院领导听课制度落实情况、学生考勤和课堂教学秩序情况、作业批改情况、教师上课迟到或早退情况、对教师私自调（停、代）课制度的执行情况等。日常教学督查队伍要将上述情况，特别是有关课堂教学的质量等情况进行分析整理，形成建议或意见，以书面形式向教务处和有关系、部、处提出。

2．听课制度

听课制度是校系各级领导对教学质量进行检查，通过听课了解教学状况，总结教学经验，及时发现问题并提出改进意见的制度。建立定期听课制度，可以使学校各级党政干部深入教学第一线，倾听师生意见，及时了解教学情况，发现并解决教学中存在的问题，避免教学一线与管理层的脱节，保证教学管理工作的针对性和有效性。建立学校领导听课制度，落实学校领导每学期听课、参加教研活动不少于5节，主管教学副校长每学期听课、参加教研活动不少于10节等制度，以保证学校领导对教学工作的重视与精力投入，加强教学管理。

3．学生信息员制度

学生在教学活动中处于主体地位，让学生参与学校管理及制度建设，从学生角度了解课堂教学效果，反馈学生对课堂讲授、教学管理、教学条件、教学改革方面的意见及建议，给学生以更直接的途径向学校反映教学及管理中存在的问题并对教学提出意见和建议，可以使学校的管理和教学更加贴近学生、贴近实际。具体按照《学生教学信息员制度实施办法》进行。

4．学生评教制度

学生评教制度即对教师教学质量进行评估，在学生评教的基础上，根据评估指标对教师的教学过程是否达到教学目标的要求做出判断，对实现教学目标的程度做出鉴定。具体可以由学生在课程结束前，依据学校制定的课堂教学质量评价标准，对教师的教学质量和教学效果进行评价，也可以通过召开学生代表会议的形式进行评教。有关部门应对评教信息进行收集整理和分析，对反映的问题要及时研究解决。

5．教学检查制度

教学质量要提高，日常教学检查制度是最基本和常用的手段。从期初到期末，教学情况的检查工作应贯穿始终，发现问题并及时解决问题，注意归纳分析和总结经验，以指导工作，不断提高管理者在日常教学检查中的预见问题、解决困难的能力。

“3+X”检查模式。“三项检查”：一是开展教学运行检查，期初重点检查教学安排是否合理，教师、学生上课情况，教学条件，教学设施准备情况等。期中检查全面了解教学运行情况，检查专业教学计划和教学大纲的执行情况．各类课程的教学内容和教学进度，学生的学习风气等。期末检查的重点是考试管理，检查考场的安排、教师履行监考职责、学生遵守考试纪律的情况。二是开展教学效果检查，主要检查试卷质量和命题是否符合教学大纲要求，阅卷、记分是否体现公正客观。三是开展毕业实习（调研）报告质量检查，每学年进行一次，此项检查包括毕业生选题情况、中期检查和质量抽查等，组织开展优秀毕业实习（调研）报告评选。同时根据需要，开展专项检查。

（五）教学质量信息系统

教学质量信息系统由教务处、教学督导组、学生处等组成。本子系统通过相关制度和规定等，形成有效的教学信息体系和运行机制。确保收集、整理、分析教学质量的相关信息，包括毕业生评价教学质量的信息、学生实习单位、社会用人单位对毕业生质量的评价信息等，为教学质量评估和质量反馈以及质量改进提供全方位信息。其关键质量控制点与相应的质量管理重点措施包括完善日常教学信息综合采集系统和制度、应届毕业生评价学校教学制度、毕业生质量跟踪调查等。

1．完善日常教学信息综合采集系统和制度

要健全教学信息采集制度，完善教学信息采集系统及操作规范，规定信息提交的责任和要求，通过各种信息收集渠道，如校长信箱、教学运行检查、教学专项检查、教学督导、评教、课堂教学调查问卷、教务信息平台、学生信息员等，把教学过程各环节、教学活动各因素在教、学、管过程中的基本状况、基本信息及时收集起来。

2．应届毕业生评价学校教学制度

完善应届毕业生评价教学制度，完善相应评价工具，及时收集信息用于教学改进。

3．毕业生质量跟踪调查

完善毕业生跟踪调查制度、毕业生评价教学制度，采用通信调查、发放回收用人单位信息调查表等形式，每年进行一次毕业生质量访谈调查，及时收集信息用于教学改进。

（六）教学质量评估系统

教学质量评估系统主要由校、系两级评估系统组成，其职能是负责对学校的教学工作进行审议、评议和咨询。本子系统通过相关制度和规定等，形成有效的教学评估体系和运行机制，确保评估工作的规范化运行。其关键质量控制点与相应的质量管理重点措施包括教师教学工作评估、专业评估、课程评估、学生评估、二级学院评估、教学条件保障情况评估等。

1．教师教学工作评估

教师的教学质量是评估的重点。要对教师的课前准备、课堂教学、辅导答疑、作业批改、成绩考核等教学过程进行全面的评估，其中，课堂教学是评估的重点。可通过听课、问卷调查、同行评议、专家评价、学生评估等形式，对教师的教学工作进行综合考评，考评结果直接与教师的岗位聘任挂钩，力求使教师教学工作的评估发挥实际的指导作用。教师教学质量评估分学生评教、同行评教和领导（专家）评教，每学期进行一次。

2．专业与课程评估

专业与课程建设是教学质量的两个重要载体。学校专业结构、专业水平与课程质量直接影响学校的人才培养质量。专业和课程评估工作应当在各项评估中占主要地位。因此，学校要制定和完善专业评估方案，定期对管理部门及教学部门的师资队伍建设、专业建设、课程建设、教学基地建设等教学基本建设情况进行检查和评估，及时发现问题，找出原因，以便进行整改。建立重点建设课程、精品课程评估指标体系，严格进行评审，并给予奖励、资助。

3．学生学习质量评估

学生学习质量是教学质量的重要表现。对学生学习质量采取监控和评估时，可以以抓学风建设为根本和关键开展工作。如严格考试管理，狠抓考风建设，以考风促学风；严格过程淘汰制；严格毕业实习（调研）报告工作；鼓励学生开展课程竞赛和科技创新；不断完善学生奖学金条例，全面提高奖学金金额，扩大学生的获奖面，充分发挥奖学金的激励作用。

4．二级学院工作水平评估

高等学校的二级学院教学工作是学校教学工作的基石，是组织教学活动，实施各项教学管理制度、规范，保证教学质量的基本单位。二级学院的教学工作状态和质量，直接体现学校的教学工作状态和质量。因此，学校要定期对二级学院的教学工作状态进行检查和评估。检查和评估的重点是对二级学院的教学质量、教学管理和教学基本建设、教学改革等内容进行量化评价。

5．教学条件保障评估

建立完善评估规定，依据人才培养工作评估指标体系规定的教学条件标准，对教学条件保障部门的教学条件保障状况进行评估，推动教学质量保障体系建设，不断提高保障质量。

（七）教学质量反馈系统

教学质量反馈系统由教务处、教学督导组、二级学院等组成。其职能是反馈质量评估结果，仲裁争议问题。本子系统通过相关制度和规定等，形成有效的教学反馈体系和运行机制，确保反馈工作的规范化运行。其关键质量控制点与相应的质量管理重点措施包括建立日常教学督查信息反馈制度、建立日常教学督查责任追究制度、反馈争议仲裁制度等。

1．建立日常教学督查信息反馈制度

各级日常教学督查队伍每次检查均要填写日常教学督查信息反馈表。对检查中发现的异常问题，以及在教学检查工作中发现的教师教学过程的典型事迹或事例，应填写一式两份信息反馈表，一份留本单位存档，一份及时报教务处汇总；对检查中未发现有异常问题的，各二级学院应每天按时填写信息反馈表相关内容后留本单位存档备查。教务处将适时对教学检查中发现的问题进行分类处理并通

报全校，对其中构成教学事故的，依据《教学事故认定和处理办法》严肃处理。日常教学督查尤其是二级学院日常教学督查应重视搜集、整理学生对教学工作的意见，针对学生投诉或课堂教学日志中所反映的教学质量、教风、学风等方面的问题，以及通过组织学生座谈等形式所反映出来的教学过程中存在的问题，要及时整理归纳并填入日常教学督查信息反馈表报送教务处。

2．建立日常教学督查责任追究制度

各级日常教学督查队伍要树立起高度的责任意识，从学校发展的大局出发，认真落实学校关于日常教学督查工作的安排意见精神，坚决杜绝敷衍塞责、弄虚作假等现象的发生。对于学校通过课堂教学日志记录或其他途径发现的问题，经查实与相关单位当时日常教学督查信息反馈表记录内容不符的，学校将按照有关规定追究当日带班领导及相关人员责任。

3．及时反馈

教务处要把学校对二级学院教学工作评估结果及时反馈到二级学院和有关部门负责人。各二级学院要把教师教学质量评定的等级传达到教师本人。

4．积极听取建议

教务处要接待教师、学生及有关人员的访问和咨询，听取他们对教学质量监控和评估工作的意见和建议。对有争议的要积极研究和予以仲裁。学校各级督导员同时也要接受群众的监督，从而保持督导队伍的客观、公正、廉洁。

（八）教学质量改进系统

教学质量改进系统由校评估领导小组、教务处、各教学单位等组成。其职能是研究教学质量中存在的问题、提出质量改进意见、检查验收质量改进效果等。本子系统通过相关制度和规定等，形成有效的教学改进体系和运行机制，确保改进工作的有效进行。其关键质量控制点与相应的质量管理重点措施包括建立教学质量改进制度、建立教学改革的问责制度、建立教学改进的激励机制等。

1．及时发现问题

校评估领导小组要及时召开会议，对教学质量监控和评估过程中发现的问题进行研究，并向有关部门提出整改意见和建议。

2．制定具体整改措施

教务处根据校评估领导小组提出的意见和建议，进一步制定具体的整改措施和建设方案，并负责组织落实。

3．及时反馈相关情况

各教学单位及有关部门将教务处下达的整改和建设任务认真落实，并把整改和建设情况及时反馈给教务处。

4．建立教学改革评价制度

教务处要对各二级学院和有关部门的整改和建设情况进行复评或验收。

5．建立教学改革的问责制度

明确教学事故认定制度；建立教学事故责任追究制度；建立教学质量负责人制度。

6．建立教学改进的激励机制

设立教学质量奖、二级学院及部门教学管理奖等，加大教学奖励力度，在个人职称晋升、岗位职责考核、职岗津贴、二级学院及部门资源分配等方面形成教学质量改进的激励机制。

第五章　高职院校治理方法的现代化

目前，高职院校治理已经提上议事日程，相对于传统的管理，高职院校在治理方法层面已经取得了一定的成绩。但是，高职院校治理中尚存在“人治”的方法，在体制机制方面，特别是用人机制、考核机制等方面尚受到传统的束缚，平等、包容、参与的治理文化缺乏。借鉴共同治理、协商治理、文化善治的理论、经验和做法，高职院校开展企业化管理也不失为高职院校治理的一种路径；培养协商意识，开展协商治理也是高职院校治理方法的一种选择；发挥传统文化的善治功能，以文化人，也不失为高职院校治理的一种方法。

第一节　高职院校治理方法的理论借鉴

基于高职院校治理方法体系存在的问题，以及高职院校治理改革的需要，我们借鉴了共同治理、协商治理、文化善治的理念，为高职院校治理方法体系的构建提供理论上的参考。

一、共同治理

共同治理作为一种不同于单边治理的模式，在公司改革中得到了发展和应用，产生了利益相关者共同治理的责任模式，而高等教育治理理论也伴随着利益相关者理论的发展而变化，不断趋向完善。

（一）共同治理理论发展

20 世纪初美国的公司社会责任理论同公司治理结构成为近几十年来国内外理论界、实业界探讨的热点。从传统公司法的角度来说，股东是公司理所当然的所有者，股东的所有者地位受到各国法律的保护。由此，公司存在的目的就是追求股东利益最大化。然而，传统的公司法是建立在市场没有缺陷，具有完全竞争性，市场可以充分发挥优化资源配置的假定前提下。在现代社会市场机制并不充分的情况下，股东利益作为一种个体利益在很多场合与社会公众的整体利益存在冲突，股东只是承担有限责任，一部分剩余风险已经转移给了债权人和其他人。公司应是一个承担社会责任的组织，公司不应仅仅作为谋求股东利益最大化的工具，而应被视为最大限度地顾及和实现包括股东在内的公司所有利益相关者利益的组织体系或制度安排；公司的权利来源于公司所有利益相关者的委托，而非只根植于股东的授予；公司应对公司所有利益相关者负责，而不应仅限于对股东负责。

从 20 世纪 80 年代开始，出现了各式各样强调公司社会责任的利益相关者学说。利益相关者理论认为，公司所有利益相关者的利益最大化才是公司的经营目标。到了 20 世纪 90 年代末，主流观点认为公司不再仅仅是管理者与股东之间的信托关系，而是利益相关方面的利益共同体。与之相适应的公司治理机制也不再局限于以治理结构为基础的治理，而是利益相关者通过一系列的内部、外部机制来实施共同治理。治理的目标不仅是股东利益的最大化，而且要保证公司各方面的利益相关者的利益最大化，这就形成了利益相关者的共同治理。

（二）高校共同治理

1966 年，美国大学教授协会（AAUP）、美国教育委员会（ACE）及美国大学和学院董事会协会（AGB）联合发布的《学院与大学治理声明》，标志高等教育领域“共同治理”概念的提出。其定义为，“基于教师和行政部门双方特长的权力和决策的责任分工，以代表教师和行政人员共同工作的承诺”，并用两条原则来规定“共同治理”，即“大学组织重大事情的决策既需要首创能力，也需要全体人员的参与；大学各组成群体在决策中的地位有所不同，谁对具体事务负有首要责任，谁就最有发言权”。1998 年 AGB 又颁布了《治理宣言》，基于“利益相关者”概念对共同治理中的权力进行了重新分配，将利益相关者范围扩大到社区领导、教育购买者、资金提供者等。

20 世纪末期，“利益相关者共同治理”的理念得以形成与发展。该理念强调组织治理应该设计一定的契约安排和治理制度来分配给所有的利益相关者一定的组织控制权，通过吸收所有的利益相关者参与组织治理来实现全面的“共同治理”。共同治理要求所有利益相关者都参与学校战略层面的决策，这样才能体现治理的民主性与合法性。但决策参与者数量的增加必然带来决策效率低下的问题，高校共同治理最终选择有着正规决策程序的“股份制”决策模式。在教学、科研等部分议题或局部方案的决策上，一方面由于外部利益相关者

与之关系并不十分紧密，另一方面也因为教学和科研的专业化程度日益提升，大多数的外部利益相关者难以置喙，所以这些决策的民主性仍然保留为内部的民主，由学校内部人员共同参与。这也就形成了高校共同治理重塑的基本导向，即学校战略层面的决策以股份制模式为主导，但在部分议题或局部方案的决策上又会呈现出合议制或代议制模式的特征。

二、协商治理

一般来说，协商治理是通过协商和对话协调不同利益之间关系的治理方式。中国特色协商治理是协商民主在基层的实践形式，它通过搭建彼此沟通、对话的平台，通过交流、讨论，调节公共利益与不同社会主体之间的利益关系，化解矛盾，以寻求公共利益的实现方式和途径。协商治理的理念包含协商目标的凝聚共识、协商主体的地位平等、协商过程的公开对话、协商方式的包容差异和协商原则的直接参与等特征，彰显当代中国社会对平等、公正、包容的价值诉求。

（一）协商治理的原则

上海交通大学王岩教授在《协商治理——治理的中国形态》报告中认为，必须对我们的实践进行整合、升华、提炼，将其转变为体系性的话语，把碎片化的观点转变为系统的体系，把零散的观点升华为学术的话语。当代中国需要实现治理话语从西方到中国的转换，形成中国协商治理话语，探索中国协商治理路径。具体包括：马克思主义国家观是当代中国协商治理的理论前提，中国传统治理思想及其实践是当代中国协商治理的生存土壤，中国特色社会主义是当代中国协商治理的存在场域，党领导的广大人民群众是当代中国协商治理的必然主体，通过协商民主实现国家治理是当代中国协商治理的基本形式，实现公共利益、集体利益与个人利益的均衡发展，是当代中国协商治理的基本目标，当代中国协商治理

的基本原则是平等、宽容与贵和，当代中国协商治理的评价尺度包括权威、共识、制度化与法治。马克思主义国家观的指导根植于中国优秀政治文化传统，立足于中国特色社会主义理论与实践诉求，具有中国特色的社会主义协商治理构成了当代治理的中国形态。

1．以人为本

以人为本作为协商治理的根本原则，其实质是把维护人民群众根本利益作为推进社会发展的根本目标，解决好人民群众最关心、最直接、最现实的问题，实现发展成果由人民共享。

2．包容贵和

“包容贵和”精神体现了中华民族“礼之用，和为贵”“和则相生”的传统伦理精神的精髓，体现了包纳兼容的品格，以及追求和谐、注重合作、提倡谦和、宽怀大度的精神，有利于增强社会成员的归属感和向心力，促进整个社会的团结和稳定。践行协商治理、实现社会和谐的过程中，无疑需要坚持包容贵和的理念。

3．权利平等

协商治理强调公民平等的政治参与，其核心在于公民如何实现其对公共权力的控制和影响力。“协商”本身契合了时代对平等性政治价值的期待。平等是协商的前提，真正的协商意味着公民权利的平等，没有平等的地位和权利，协商便无从谈起。

4．公平正义

公平正义是社会主义的核心价值，必然成为协商治理的重要原则，成为我们化解社会矛盾、实现社会和谐应遵循的准则。公平正义，意味着社会成员对整个社会在权利的分配、利益的分享、制度的架构、社会的和谐等方面的满意程度，尤其意味着社会发展的成果在全体社会成员之间合理而公平的分配。

（二）协商治理的前提基础

协商治理是国家和社会治理的特定方式和机制，其确立和运行具有特定的前提和基础。这些前提和基础，既是协商治理得以有效实施的先决条件，也是其实际运行的基本规范。就我国的协商治理来看，这些前提和基础主要包括：

1．协商治理的政治前提和基础

我国政治协商与协商治理的政治前提和基础，在中国共产党领导的多党合作与政治协商制度、中国的基层民主制度等国家基本政治制度中，具有明确规定。

2．协商治理的法律依据和基础

作为国家的根本大法，《中华人民共和国宪法》（以下简称《宪法》）规定，“中华人民共和国的一切权力属于人民。”“人民依照法律规定，通过各种途径和形式，管理国家事务，管理经济和文化事业，管理社会事务。”同时，《宪法》对我国的政治协商和协商治理具有明确的法律规定，“中国人民政治协商会议是有广泛代表性的统一战线组织，过去发挥了重要的历史作用，今后在国家政治生活、社会生活和对外友好活动中，在进行社会主义现代化建设、维护国家的统一和团结的斗争中，将进一步发挥它的重要作用”。此外，《宪法》关于公民权利的规定，关于国有企业和集体经济的民主管理的规定，都构成了协商治理的宪法依据。而1982年12月通过，分别于1994年、2000年、2004年和2018年修订通过的《中国人民政治协商会议章程》，则是中国协商政治和协商治理的基本法律文件。在基层民主和协商治理方面，其主要法律基础则是《中华人民共和国村民委员会自治法》和《中华人民共和国城市居民委员会组织法》。

3．协商治理的主体及其相互关系基础

协商治理是在参与这一过程的多个主体之间进行的，因此，协商治理的多个主体及其相互关系，构成了协商治理的重要前提和基础。从我国协商治理的制度和实践来看，协商治理主体具有三个方面的基本特征：首先，中国共产党是政治协商和协商治理的领导力量和中心，各级政府或者派出机构是公共事务性协商治理的指导主体；其次，协商治理的前提是多个主体的积极参与；最后，协商治理的主题通常是公共利益、公共事务或者公共政策，因此，协商治理的主体应该是担当公共责任的主体。

4. 协商治理的事务属性基础

无论在国家政务层面，还是在公共事务层面，就协商治理的事务属性来看，协商治理的基础在于：以协商实现治理的事务具有可治理性。所谓可“治理性”通常集中体现在相关公共事务解决、公共政策制定处于公共治理主体权能阈值区间，或者围绕公共利益的矛盾关系呈现同一性大于矛盾性、合作性大于冲突性的状况；在价值取向上，“可治理性”赋予公共利益以优先性，有效地代表和实现公共利益是治理的首要目标。所谓“可协商性”则集中体现在治理涉及的公共事务、公共政策和相关矛盾问题，具有通过协商加以协调和解决的可能性。这就要求，一方面，相关公共事务、公共政策具有通过协商加以协调或者达成共识的可能性；另一方面，协商治理的参与各方具有以协商方式解决问题的出发点，协商各方具有共同或者相似的所涉思想基础和价值取向，协商各方具有平等自主的协商权利与义务。

5. 协商治理的主体权能基础

在我国，协商治理的参与主体分为政治组织和公民个人两种类型。从政党之间的协商政治和人民政协的协商治理来看，作为执政党的中国共产党，具有领导和主导协商治理的权力资格，同时，也面临进一步加强协商治理能力的任务；而作为参政党的民主党派，在具备参政议政权力资格前提下，也面临着强化自身建设，提高参政议政能力的任务。因此，执政党建设与参政党建设的相互促进，成为强化我国协商政治基础的重要途径。从政府与公民和社会自治层面的协商治理来看，政府相关领导和工作人员协商治理的权能对于协商治理的实施和目标达成具有重要意义，同时，公民的协商治理权能，实则是这些层面的协商治理顺利实施的关键基础。

6. 理性精神为核心的公民文化基础

作为特定治理形式和机制，协商治理需要政治、法律和物质条件等基础，更需要社会资本和公民文化的支撑。我国协商治理的实践经验表明，社会矛盾的解决、不同利益的整合、多样意见的协调和公共共识的达成，尤其需要以社会信任为核心的社会资本作为心理纽带，需要公民经常性交流、交往和沟通的社会网络，由此强化和提高政府的公信力和公民的信任度。而且，协商需要理性而非情绪性的意见表达和沟通，治理需要公民理性文化和政府理性行为。社会资本和理性精神，由此成为协商治理的公民文化基础。从我国的协商治理实践来看，这方面亟待进一步强化和培育。

三、文化善治

文化善治是在树立文化自信的基础上，结合治理理论要求形成的一种治理追求，采用以人为本、以文化人的方法，在共同治理、 协商治理的基础上，形成具有特色的治理文化。

（一）善治

1. 善治的起源

善治是随着治理理论的发展而提出的新概念。治理理论着眼于政府与公民的合作网络，提供了自身独特的视角和范畴体现了政治发展的方向。治理理论虽然在管理方法与技巧上更适合现代社会，却不能确保实现新模式的功能作用。格里•斯托克认为，治理失败促使善治目标的出现。治理失效的具体表现有：第一，政策制定过程的复杂性与政府治理规范相脱离；第二，责任模糊，难以界定；第三，过度依赖权力，导致政府治理结果恶化；第四，治理网络下，以明确政府对社会的责任；第五，即使政府灵活处理集体行动，治理仍然可能失败。

2. 善治的特征

善治的本质特征就在于它是政府与公民对公共生活的合作管理，是政治国家与公民社会的一种新颖关系，是两者的最佳状态。善治实际上是国家的权力向社会的回归，善治的过程就是一个还政于民的过程。善治表示国家与社会或者说政府与公民之间的良好合作。具体如下：

(1)善治模式的主体未必是政府，也无须依靠国家的强制力量来实现。一直以来，公共权力中心的唯一性被默认为是一个不可更迭的原则，但是善治理论却使公共权力中心多元化。除了政府之外，各种机构（包括社会的、私人的）只有得到公众的认可，才可以成为公共权力的中心。公共权力不再被政府所垄断，使得政府与其他公共权力中心之间不再是管理者与被管理者的关系，而是平等合作、依赖互动的新型关系。

（2）善治模式强调国家与社会的合作，模糊了公共领域与私人领域的明确界限，并且更加强调国家与社会的依赖关系。作为政府管理模式的善治与市场、社会自治组织、社会中介组织、社会独立组织等具有许多联系。存在于私人领域和第三领域的治理并不是一个封闭的系统，它们与政府的善治有着密切的联系。现代社会国家正在把原先由它独自承担的责任转移给公民社会，后者包括各种私人部门和公民自愿性团体，它们正在承担越来越多的原先由国家承担的责任。国家与社会之间、公共部门与私人部门之间的界限便日益变得模糊不清。但这种模糊与古代社会中国家与社会的未分化有着本质的区别，当代社会的模糊说明利益整合和聚合的程度，其前提是社会利益的分化程度非常发达，而古代社会中国家与社会的模糊却是在社会利益的分化程度非常低的情况下发生的。

（3）善治是一个上下互动的管理过程，它强调管理对象的参与。统治的权力运行方向是自上而下的，它运用政府的政治权威，通过发号施令、制定政策和实施政策的方式对社会公共事务实行单一向度的管理。与此不同，善治则是一个上下互动的管理过程，它主要通过合作、协商、伙伴关系、确立认同和共同的目标等方式实施对公共事务的管理。善治的实质在于建立在市场原则、公共利益和认同之上的合作。它所拥有的管理机制主要不依靠政府的权威，而是合作网络的权威，其权力向度是多元的、相互的，而不是单一的和自上而下的。善治组织的产生不是来自授权，而是来自协商，是由成员平等协商产生的。组织内部的议事规则、办事程序又经过成员协商约定。决定事项的过程由于通过了彻底的民主协商，成员的意见能够得到充分的表达，具有非常灵活的利益表达机制，能够更好地体现公开、公平和公正。

（4）善治还意味着管理方式和管理手段的多元化。统治的典型模式是运用发号施令来达成目标。而善治模式则认为办好事情的能力并不仅限于政府的权力，在公共事务的管理中，还存在着其他的管理方法和技术。政府应该运用各种可行的办法来实现公共事务的良好管理。

（二）文化善治

文化是民族的血脉，也是国家治理体系的重要组成部分。实现文化发展与国家治理现代化有机结合，是当代世界各国实现国家有效治理的战略选择。古今中外的历史证明，意识形态、思想文化对一个国家的和谐稳定、长治久安、兴旺发达起着非常重要的作用。从“人治”到“法治”再到“德治”，这可以说是治理的三种境界。“人治”是封建社会的产物，强调的是以个人的意愿和意志来治理国家和社会，具有典型的专制特色。“法治”是现代社会的产物，强调的是依法治理，是一种契约精神的体现，但“法”的刚性有余、柔性不足。“德治”是在法治的基础上形成的，强调的是以文化人、以德服人。

文化善治是在以文化人、以德服人的基础上形成的善治境界，是从僵化管理到柔化治理的具体体现，也是中国的传统文化中的“无为而治”思想的精髓。

1. 文化的四种功能

（1）导向功能

文化作为组织共同的价值观、追求，对组织成员具有强烈的感召力。这种感召力能把组织成员引导到目标上来。这种功能往往在文化形成的初期就已存在，并长期地引导组织成员始终不渝地为实现目标而努力。

（2）规范约束功能

文化是无形的、非正式的、非强制性的和不成文的行为准则，对组织成员具有规范和约束作用。在一个特定的文化氛围中，人们由于合乎特定准则的行为受到承认和赞扬而获得心理上的平衡与满足；反之，则会产生失落感和挫折感。因此，作为组织的一员往往会自觉地服从那些根据全体成员根本利益而确定的行为准则，产生“从众”行为。

（3）凝聚功能

美国学者凯兹•卡恩认为，在社会系统中，将个体凝聚起来的主要是一种心理力量，而非生物的力量。社会系统的基础是人类的态度、知觉、信念、动机、习惯及期望等。文化正是以大量微妙的方式来沟通组织成员的思想，使组织成员在统一的思想指导下，产生对企业目标、准则、观念的“认同感”“使命感”

“自豪感”和“归属感”。

（4）激励功能

所谓激励，就是通过外部刺激，使个体产生一种情绪高昂、发奋进取的效应。研究激励理论的学者发现，最主要的激励因素是被激励对象要觉得自己确实干得不错，至于用绝对标准去衡量他们是否真干得不错，那倒无关紧要。在一个“人人受到重视、个个受到尊重”价值观指导下的文化氛围中，每个成员所做出的贡献都会受到青睐，得到领导的赞赏和集体的褒奖。结果是，在这种环境中，任何一个心理健全的成员都会感到满意，受到鼓舞，同时为了进一步发挥个人的才能而瞄准下一个目标，并以旺盛的斗志开始新的行动。这就是所谓“没有什么比成功更能导致成功的了”。

2．传统文化中的三种“治理”境界

《史记》记载，在历史上曾经出现过三种不同的治理境界，即“不能欺”“不敢欺”“不忍欺”。郑国的子产做郑国的宰相，他把法律、监督机制设计得非常合理严密，最后他达到的是“不能欺”的境界，因为老百姓不能够欺骗他。西门豹治邺县的时候，他把法律设计得十分严苛，老百姓一旦触犯法律就给以严惩，结果老百姓被吓得战战兢兢，没有人敢欺骗他。他达到的是“不敢欺”的境界。但是，孔老夫子的弟子宓子贱在治理亶父的时候，把孔子仁爱忠恕的理念运用到管理之中，最后达到的是“不忍欺”的境界，那就是老百姓不忍心欺骗他们的长官。宓子贱有个同学非常想知道他治理亶父到底有多好，于是就到亶父去微服私访，趁着夜色来到了亶父，结果看到一个人在夜色下捕鱼，但是奇怪的是他捕上了很多鱼看了看，又把这些鱼放到河里去了。他很奇怪，就上去问：“我看您捕鱼，但是为什么捕了很多鱼又把它们给放到河里了呢?”结果这个人说，他们的长官宓子贱告诉他们不要去捕捞那些还在生长中的小鱼，而他刚才捕捞上来的恰恰是还在生长中的小鱼，所以他才把它们给放了。这位同学看了之后非常感叹，回来向孔子禀告，说宓子贱治理亶父能够做到即使是在没有人监管的情况下，在夜色下捕鱼的人也能够做到像严刑峻法就在身边，不知道他是靠什么达到这种治理境界的。孔老夫子说，子贱曾经跟他说过，一个人用至诚的心来处理身边的人和事，其影响自然波及远方，虽然这个捕鱼的人可能并不认识他们的长官子贱，但是子贱那种爱民如子、视民如伤的心能够为百姓所体会，所以他所制定的每一个政策、制度老百姓都愿意去配合。所以，中国治理的境界、治理的方法就是“不忍欺”，实现的途径就是正己化人，治人先治己。《大学》上讲修身、齐家、治国、平天下，“自天子以至于庶人，壹是皆以修身为本”，所以要治的不是别人，而是领导者自己。我们打开四书五经能够发现，其实没有哪几句话是要求老百姓怎么样的，都是要求统治者的，所以它们不是愚弄百姓的精神鸦片。这告诉我们，中国传统文化有五千年的历史，五千年的方法、五千年的经验、五千年的效果，我们必须对它有信心。

3．传统文化中“无为而治”

20 世纪末英国著名哲学家汤因比在总结了各个国家文明发展史的基础上，从文化学的角度提出了这样一个论点：能够真正解决 21 世纪社会问题的，唯有中国的传统文化。1988 年，75 位诺贝尔奖获得者在巴黎开会，面对当时世界的恐怖主义、环境危机、道德危机，他们提出了一个共同的呼吁：人类要在 21 世纪生存下去，就必须回到 2 500 多年前汲取孔夫子的智慧。当我们中国人对自己的文化没有信心，要去西方寻找善治文化基础的时候，很多西方人却要向中国人学习治理的经验和智慧。

在中国古代管理哲学中，“无为而治”虽是道家首先提出的管理思想，在道家思想体系中占有重要的地位，但是它并不专属于道家。中国古代道家讲“无为而治”，儒家、法家也都讲“无为而治”。虽“无为而治”是道、儒、法三家共同追求的管理模式，但是各自对它的内涵和外延的表达是不同的。

无为而治的思想首先是由老子提出来的。老子认为“我无为，而民自化；我好静，而民自正；我无事，而民自富；我无欲，而民自朴”，而且一再强调无为才能无不为，“无为而治”并不是什么也不做，而是不过多的干预，充分发挥万民的创造力，使万民做到自我实现，走向崇高与辉煌。历史上的太平盛世、宏图大业，都是在道家无为而治指导下取得的。

从治国理政的角度研究无为而治是有现实意义的。所谓无为而治，就是通过无为而达到天下大治。什么是无为？从字面上看，无为似乎是无所作为、消极无为的意思，其实这是望文生义。老子所说的无为，绝不是什么也不做。他说过："天下难事必作于易，天下大事必作于细""为之于未有，治之于未乱"。这里的"必作""为治"都是有为的意思。"无为"并非是无所作为，而是以无为而有为。

《道德经》的思想核心是"道"，"道"是无为的，但"道"有规律，以规律约束宇宙间万事万物运行，万事万物均遵循规律。引申到治国，"无为而治"即是以制度（可理解为"道"中的规律）治国，以制度约束臣民的行为，臣民均遵守法律制度。老子所说的"无为而治"是以法治国，而非人治；人过多地干预社会秩序则乱，以法治国则井然有序。"无为而治"对于帝王个人准则而言，即是清心洞察、知人善任，将合适的人才摆在合适的岗位上，具体事情分摊给臣下去做，不必事必躬亲。

4．"无为而治"的思想精髓

一是在治理主体上，所谓"无为"，就是如何通过道德修养使管理者具备"无为""好静""无事""无欲""不言""不争"等高尚品格，以达到"我无为，而民自化；我好静，而民自正；我无事，而民自富；我无欲，而民自朴"（《道德经》第五十七章）的管理境界。这就是说，我无为，民就自我化育，我好静，民就自然端正，我"无事"，民就自然富裕，我不贪婪，民就自然朴实。

二是在治理方法上，主要是针对兵家的"以智治军"、法家的"以法治国"和儒家的"以德治国"的"有为"型管理模式，主张以道家"道法自然"为基石的"无为"型管理。所谓"无为而治"，并非是管理者无所作为的懒汉哲学，而是探讨管理者何者"有所为"、何者"有所不为"，即在管理场中如何正确地认识与处理"有为"与"无为"的关系。这是一种"无为"型的科学管理模式。

三是在治理境界上，"无为而治"是人类孜孜以求的最高管理境界。《道德经》第三章云："为无为，则无不治。"在这里，"为"是管理目的，"无为"是管理手段，"无不治"是通过"为无为"所能达到的最高境界。这是一种以最小的管理行为获取最大的管理效果的高超管理，也是一种管理者从烦琐事务中解脱出来的潇洒人生艺术。道家的“无为而治”，是治理主体、治理方法和治理境界三位一体的模式。

第二节　高职院校治理方法路径选择

基于高职院校治理方法存在的问题和治理方法相关理论借鉴，我们探讨构建共同治理、协商治理和文化善治的治理方法，形成具有西方经验、中国特色的治理方法体系。

一、共同治理—基于院校企业化管理的研究

如前所述，高职院校现有的公办体制机制影响了治理的改革。目前，部分高职院校借鉴企业的管理经验与模式，开展了基于企业化管理下的治理改革，取得了初步的成效。公办高职院校借鉴现代企业制度，开展基于治理的企业化管理，是解决目前学校内部管理问题的一种途径，符合国家事业单位改革的方向，也是治理理论在公办高职院校的实践。公办高职院校企业化管理是在不改变事业单位性质的基础上实行的内部管理体制改革，具有以下典型特征：一是以制度约束为核心。基于章程、符合 ISO 标准的企业化制度建设是管理和治理的关键，制度的规范性保障了制度执行的规范性。二是以全员聘用、绩效引导为保障。企业化管理制度与传统事业单位管理制度的根本区别在于企业化的人事管理，取消编制的全员聘用制和年薪制基础上的绩效考核分配机制是其典型特征，也是改革的保障。三是以民主管理、共同治理为标志。政治权力、行政权力、学术权力在制度的约束下，按照制度的规范在各自的领域开展工作，各利益相关者主体通过各类委员会协商相关事务，共同发挥决策参谋作用，为学校的发展献计献策，共同解决学校相关事务，在少数服从多数的原则下，实现民主管理和共同治理。

（一）以去行政化为目标的企业管理机制

现代企业制度要求“产权清晰、权责明确、政企分开、管理科学”。企业化管理要借鉴现代企业制度的要求，特别要做到权责明确、管理科学，这就需要明

确政治权力、行政权力和学术权力三者之间的关系，做到权责分明，三者之间既分工合作，又相互配合；既各负其责，又相互补充。从政治权力的角度看，党委要发挥决策和监督作用，必须借助于政府、行业企业、研究机构、社区组织、家长组织等外部力量，通过建立咨询委员会等决策咨询载体，发挥参谋作用；必须借助于教师、学生和职工等内部力量，通过教职工代表大会、学生代表大会等民主载体，发挥教职工和学生的作用，提高决策的科学性、民主性。在监督反馈方面，可以借鉴企业的监事会功能，由学校督导部门、教师学生代表、第三方评价机构等组建学校监事会，发挥监事会的监督和反馈功能，从而提高决策的科学性、可行性。从行政权力的角度看，以校长为代表的行政体系，主要发挥决策的执行与反馈功能。在决策的执行中，要按照高等职业教育的规律和人才成长的规律开展工作，要寻求更为科学的方法提高办学的质量和效益。为此，行政权力可以借鉴企业管理方式，通过组建理事会等载体，定期召开会议，研讨行政管理事务，提高行政执行的科学性。从学术权力的角度看，以教授等为代表的学术委员会是学校最高的学术组织，在教育教学和科研等方面要发挥决策作用。在专业建设、师资建设、课程建设、实训建设等方面，政治权力和行政权力要让渡于学术权力，要按照学术的特点开展学术事务和人才培养工作。

（二）以学校章程为核心的企业化制度建设

用系统论的观点来看，大学章程在整个大学内部管理制度体系中处于核心地位，它不仅决定了大学管理体制及其制度运行的状态，甚至决定其发展方向因此，开展章程建设是实施企业化管理的公办高职院校的重要任务。目前，我国很多高校都已经开展了章程建设，但各校之间共性较多，个性较少，其根源在于学校在整齐划一的管理体制下，难以制定出具有个性的章程。企业化管理要求借鉴企业制度开展章程建设。“产权清晰”“政企分开”是现代企业制度的特征。产权清晰：一方面要求国有企业代表国家对国有资产行使占有、使用、处置和收益等权利，另一方面要求国有资产的边界要“清晰”。这种制度借鉴到学校，我们可以理解为“事权清晰”，即明确政府和学校各自的权利和责任，双方在各自责权范围内行事。政企分开：一方面要求将政府的管理职能和行业企业的经营职能分开，另一方面要求企业将原来承担的社会职能交还给政府和社会，如住房、医疗、养老等。从学校的角度讲，企业化管理的学校同样要求政府“放权让利”，扩大学校的办学自主权，同时将住房、医疗、养老等通过缴纳公积金、养老金等形式由政府、社会和个人共同解决，即企业化管理的学校不再享受传统事业单位的养老待遇。这些问题都需要体现在学校的规章制度中，特别要通过学校的章程予以明确。在开展章程建设的同时，要基于章程内容，开展学校各项制度的修订和完善，使其符合企业化管理的要求，并在条件成熟的时候，开展 ISO 贯标工作，使学校达到运行规范化、控制标准化、管理高效化，从而提高组织管理水平，提升高等职业教育质量，促进学校愿景实现。虽然学界对学校贯标持有不同看法，但我们认为，作为与企业特别是跨国企业水乳交融的高职院校，开展 ISO 贯标工作，有助于提高校企合作、产教融合的满意度。在 ISO 的基础上，开展基于章程的企业化制度建设是完善学校制度建设的改革路径。

（三）以聘用制为主体的企业化用人机制

企业化用人机制是公办高职院校开展企业化管理的核心。企业用人机制的关键在于消除按资排辈的现象，实现人才的市场配置。能者上、平者让、庸者下是企业用人的准则。中共中央办公厅印发的《推进领导干部能上能下若干规定（试行)》指出，推动形成能者上、庸者下、劣者汰的用人导向和从政环境。可见，无论是企业还是党政机关、事业单位，都在推动用人制度的改革。人员的聘用制是我国事业单位改革的一大举措，自 2002 年《国务院办公厅转发人事部关于在事业单位试行人员聘用制度意见的通知》（国办发〔2002135 号）以来，我国事业单位都进行了人员聘用制改革，但从现状看，公办高职院校的教师大都还属于事业单位编制，享受国家承担的养老政策。目前，机关事业单位养老金并轨改革正在进行中，国家正在逐步缩小机关事业单位与企业之间的养老差距。我们这里所说的企业化管理，已经提前实现了并轨，如前所述，高职院校在不改变事业单位属性的前提下，教职员工的人事关系实行企业化管理，即与企业一样，采取全员聘用制，不占有事业单位编制，员工缴纳企业养老金，与学校形成平等协商的聘用关系。一方面，在这种用人机制下，员工可以根据自身的发展需要，在学校与企业间自由流动，有利于高等职业教育的校企合作、产教融合的推进。学校也可根据员工的表现对员工进行提拔任用、待岗甚至辞退处理，在学校人与社会人之间有序流动，实现了员工由身份管理向岗位管理的转变。另一方面，学校只有提供员工更好地发展平台，才能留得住优秀员工，员工只有更出色地工作，才能与学校续签聘用合同，这种双向激励的机制促进了学校和员工的互动发展，更有利于提高高等职业教育质量。

（四）以绩效考核为手段的企业化分配体制

绩效考核指企业在既定的战略目标下，运用特定的标准和指标，对员工的工作行为及取得的工作业绩进行评估，并运用评估的结果对员工将来的工作行为和工作业绩产生正面引导的过程和方法。通过绩效考核，把员工聘用、职务升降、培训发展、劳动薪酬结合起来，使得企业激励机制得到充分运用，有利于企业的健康发展。目前，我国机关事业单位在人员聘用制改革后，也配套开展了绩效考核制度，但力度不够，区分度不明显，改革正在进入攻坚阶段。企业化管理下的绩效考核与目前事业单位绩效考核不同。首先，企业化管理下的绩效考核是基于年薪制的绩效考核，不同的岗位设定不同的年薪，在聘用合同上明确了岗位，也就明确了年薪，不同的岗位年薪差距比较大，从薪资的角度就已经拉开了差距。其次，绩效考核是在年薪的基础上根据工作绩效开展考核，同一岗位，或者说同一年薪档次的人员之间开展考核竞争。根据需要，可设置末位淘汰制，即末位薪资降档甚至低聘，也可设置首位晋级制，即首位薪资升档甚至低职高聘。通过这样的绩效机制，能够有效调动员工的积极性。但这种绩效考核机制也存在不利的一面，因涉及岗位和薪资的变动比较大，容易造成人与人之间的竞争加剧，如果处理不当，将会出现不正当竞争或人际关系问题。因此，需要采取以下措施防止这种现象的发生：一是绩效考核政策和实施细则要经过教职工代表大会通过；二是要广泛宣传绩效考核政策，在政策指引下开展工作；三是要实行不正当竞争的一票否决制。在改革初期，可能会遇到一些问题，但随着改革的深入，这些问题都能迎刃而解。

（五）以社会组织为媒介的参与机制

职业院校面向社会、面向市场，开门办学是职业院校的基本要求。因此。对于职业院校来说，社会参与显得尤为重要。离开了社会，职业院校的人才培养只能是闭门造车，不能适应社会发展的要求，更不能办人民满意的教育。大力发展社会组织参与学校的办学实践是企业化管理的基本要求。在办学决策方面，通过建立由政府官员、行业企业专家、社会研究

机构、学生家长等组成的发展咨询委员会，对学校的发展成效、发展规划进行审议，发挥决策参考作用，这既是宣传学校的手段，也是寻求更合理决策的途径。在办学实践方面，可以建立各类有社会组织参加的委员会，对学校的办学实践发挥参谋作用。如校企合作委员会由行业企业和学校组成，共同把脉学校的校企合作工作，引导校企合作向深入开展。专业指导委员会由行业企业专家、学校专业负责人组成，指导学校的专业建设工作。学生工作委员会由学生家长、社区负责人、公检法相关人员、心理咨询专家和学校学工条线人员组成，把脉学校的学生管理工作，开展有针对性的学生管理。在办学评估方面，可以引入第三方评估机构，对学校的办学过程进行跟踪和评价，及时反馈办学中存在的问题，及时总结办学的经验，与学校的督导机构之间形成互相印证的关系，共同推动学校的发展。社会组织是学校发展不竭的资源，只有善于运用社会资源的学校才能够获得更好的发展。

二、协商治理—基于院校内部的视角

党的十九大报告指出：有事好商量，众人的事情由众人商量，是人民民主的真谛。协商民主是实现党的领导的重要方式，是我国社会主义民主政治的特有形式和独特优势。要推动协商民主广泛、多层、制度化发展，统筹推进政党协商、人大协商、政府协商、政协协商、人民团体协商、基层协商及社会组织协商。加强协商民主制度建设，形成完整的制度程序和参与实践，保证人民在日常政治生

活中有广泛持续深入参与的权利。中共中央印发的《关于加强社会主义协商民主建设的意见》，明确了协商民主建设的指导思想、基本原则、总体布局、主要任务，是推进我国治理体系和治理能力现代化、协调推进“四个全面”战略部署的重要举措。积极探索和运用民主协商的相关机制，创新高校民主治理，对发展和完善社会主义协商民主具有重要的实践意义。

（一）协商民主与院校治理的内在要求的契合

治理的积极意义在于使相互冲突的或不同的利益得以调和，并采取联合行动的持续过程，这也表明治理与协商民主存在本质的联系，只有在利益主体协商的基础上才能够调和相互间的冲突，也才能够联合行动，形成治理的合力。

1．协商的主体与治理的主体的同一性

高职院校内部由教师、学生、员工、党委、行政等各类不同人员组成，他们治理参与的主体，代表了高职院校内部的不同利益相关者，同时也代表了党委、行政、学术力量、民主力量等不同利益主体的不同利益，他们在问题视角、思维理念、价值目标、利益诉求等方面存在差异，必然产生利益的博弈，这就需要不同利益的主体在平等的基础上通过对话进行协商，在求同存异的基础上最终达成一致。为此，高职院校治理的过程就是治理主体进行对话协商的过程，治理的主体就是协商参与的主体。

2．协商的程序性与治理的有序性一致

协商是在一定程序下并在遵守一定约定的基础上开展的对话过程，协商的程序建立在公开和广泛参与的基础上，协商一般按照“少数服从多数”约定进行。协商以决策程序化保障治理的有序化。协商民主的公开性契合了大学

治理的公平性，协商民主通过程序与内容的公开和利益相关者的广泛参与确保治理的公平性。协商民主的参与、决策过程体现着合法性，协商民主的制度化、法治化契合了大学治理的制度化。协商与治理在程序性与有序性方面具有高度的一致性。

3．协商的代表性与治理的广泛参与性的要求一致

协商一般受参与人员规模的限制，不可能由所有的利益相关者参与协商。

一般是利益相关者代表之间进行互动对话。由此，协商的前提是协商主体要能够代表所属利益相关者的利益，这就需要协商主体的代表能够深入所属利益群体广泛听取所属利益群体的意见和建议，并整合意见和建议参与协商。治理的广泛参与性在协商主体征求意见的过程中就体现了出来，也就是在利益相关者广泛参与的基础上，由协商代表代表利益相关者利益进行协商。协商代表把各利益相关者参与决策过程作为价值追求，关心民主的过程和真实内容，强调的是各利益相关者平等地参与、表达，在讨论、商量中互相包容与求同存异，在多向互动中增进共识。

（二）协商在院校治理中的必要性

协商治理是科学决策的保障，是高职院校培养公民意识的重要手段，是促进高职院校和谐发展的基础。

1. 协商是科学决策的保障

高职院校协商治理的实质是在广大师生员工广泛参与的基础上，通过协商的方式进行治理的过程，是高职院校广大师生员工民主、平等的体现。高职院校一般通过召开教职工代表大会进行民主协商。教职工代表在会前深入基层，广泛征求广大师生员工意见和建议，就学校重大发展问题和关系教职工切身利益的实际问题广泛协商、广纳群言、增进共识。广大师生员工自由发表意见。教职工代表大会代表带着意见上会协商，并将协商结果反馈给广大师生员工。这种协商不仅能最大限度地体现广大代表的民主权利，而且把决策者置身于师生员工的监督下，从而规范决策行为。协商民主既反映多数人的普遍愿望，又吸纳少数人的合理主张，既能听到支持的、相同的意见，又能听到反对的、不同的声音，充分地调动各方的积极性和主动性，为高校建设广集民智、凝聚民意，提升高校决策质量。

2. 协商是高职院校培养公民意识的重要手段

作为一种面对面的交流形式，民主协商的过程以理性为基础，强调师生员工享有平等参与协商的资格，在相互尊重、求同存异的基础上合理表达诉求，包容分歧与对立。协商过程主张“言者无罪，闻者足戒”，允许对权威的观点提出质疑，有助于培养理性批判的思想意识，养成“被道理说服”而不是“被权威压制”的理性态度。在协商的过程中，协商主体间逐步理解他人的言行，抛弃个人狭隘的观念，从发展大局的角度出发思考问题，维护集体的利益。

3. 协商是高职院校和谐发展的基础

高职院校利益相关者在合理诉求能够得到尊重并通过合理渠道表达后，建构性地思考各方利益诉求并进行积极协商，逐渐改变业已形成的高校行政化思维模式。协商过程中各行为主体之间呈现出一种横向合作关系，各组织虽然级别不同、规模各异，但都是自愿、平等地参与协商对话。这种横向合作网络能够有效破解因垂直管理而形成的体制壁垒，有利于高校各行为主体的互动和沟通，从而实现各行为主体在协商中的互惠共赢，促进高校和谐发展。

（三）协商治理的路径

协商治理要从思想观念、协商过程中的规则与程序及机制等方面构建协商治理的路径，具体包括营造协商氛围、搭建对话协商平台、培养理性表达习惯、明确协商议事规则、构建民主决策程序、形成协商反馈机制六个方面。

1. 营造协商氛围

治理和协商民主均强调主体的多元化和多元主体的参与、互动与协商，以公民的主动参与为前提和基础。为此，高职院校要从行政管理思维向多元治理思维转变，高校管理者要广开言路，积极鼓励广大教职工关心学校发展、参与院校治理，营造建言献策的氛围，要敢于听取意见、敢于采纳意见，并对被采纳的意见进行宣传和奖励，养成人人参与治理的氛围。广大教职工要在管理者的鼓励下，积极主动参与研讨学校发展大计，从自己所在的利益群体的角度审视学校决策，切实保障所代表群体的利益并在不同利益之间寻求最大公约数，达成满足整体利益的基本诉求。

2. 搭建对话协商平台

在治理的不同层次，人与人之间的沟通与对话，是大学有效治理的核心构成。为此，高职院校要构建对话协商的平台，在平等的基础上开展对话协商。如学生工作可以构建学生工作委员会，由班主任、学生、学工人员等利益相关者代表组成，共商学工事务；教学工作可以构建教学工作委员会，由教师、学生和教学管理人员等利益相关者代表组成，共商教学事务。高职院校还可以成立其他委员会，如校企合作委员会、科研工作委员会、膳食委员会等，以各类委员会为协商平台，推进对话协商，平等表达诉求，推进治理改革进程。

3．培养理性表达习惯

理性表达是社会进步的表现。在传统文化心理的影响下，“人治”思想根深蒂固，人们遇到问题不是求助于法律等正规渠道维权，而是通过寻求非正规的渠道维权，久而久之形成非理性维权的习惯思维。加之我国法律体系尚不健全，法治观念尚未深入人心，以权压法、以言代法的现象依然存在，在理性维权遇阻的情况下，非理性维权成为人们维权的路径之一。高职院校要培养利益相关者理性表达的表达习惯，首先得畅通理性表达的渠道，让每个人的观点能够表达，能够被关注和重视。其次，要引导利益相关者多听、多看、多思考，坚持“慢说一点”“慎说一句”的态度，以客观理性的思维评判是非曲直。最后，要以问题为出发点和解决问题为终结点进行表达，要抛开狭隘的个人利益，从全局的角度考虑问题。

4．明确协商议事规则

吉登斯提出，社会结构是由规则或规则系统组成。规则是一种理性的观念实存，具有不以人的意志为转移的客观实在性，这就决定了协商治理是结构化观念实存，并且获得一定自主性与独立性，依据自身内在逻辑来转化外部影响。协调各利益主体，将原来具有半自律性的子系统按照一定的联系规则进行分解和创造性的再整合。各种力量形成一个群岛或集群，通过它们之间不断地转变相互依赖的关系，从而改变它们自身以及群岛的整个外形，在此过程中，逐渐显现出协商式治理体系的真面容。事实上，协商治理根植于我国政治协商的历史传统与实践，具有中国特色，并不是对西方民主思想的照搬照抄；协商治理产生于协商民主，是中国共产党基于国情、政情与社情，在长期的人民民主政治实践基础上创造和发展起来。将此历史传统用于职业教育治理，可弥补分层式治理、分权式治理所导致的民主性不足。协商治理的议事规则最为重要的一条是少数服从多数的规则，即在充分表达、平等协商的基础上，尊重大部分人的意见，保留少部分人的意见。少数服从多数的原则是人类社会的重大进步，是至今社会公认的民主原则。

5．构建民主决策程序

协商民主和治理现代化需要一种包括程序与实质两个维度的公平机会。其中，程序平等要求在制度设计上不会给予特定参与者以特别的优势，而是能提供一定的程序以保证人们之间依靠公开的理性争论作为遏制权力的有效利器。高校的党委会、校长办公会议、学术委员会、教职工代表大会等基本上都有议事规则和议事程序，一般都是会前由这些机构的主要负责人确定会议的议题、时间、参会人员；会议由负责人主持，议题提出单位做议题的说明，参会人员讨论发表意见，形成决议；会后由秘书撰写会议纪要，领导审定后发会议纪要或决议，进入执行阶段。这些程序过于简单，没有对主要领导发言的顺序、次数与时间做规定，实践上易导致主要领导人发言后，其他人员不是顺杆爬就是噤声，没有了协商的氛围，集体商讨易陷入一言堂。程序正义的不完全或缺失成为公办高校治理的短板，难以约束权力滥用和遏制腐败。从公布的大学章程看，其条款多是围绕学校管理的实体规则展开，有关权力行使的程序则鲜有规范。公平的程序是产生公平的结果的必要条件，是治理合法性和有效性的保障。有些高校在实践中开始借鉴《罗伯特议事规则》来完善各种议事规则和议事程序，对会前动议、会中发言与辩论及表决和会后纪要的规则和程序予以细化，其核心要义是充分发扬民主、程序正义、高效处事。协商民主是一种程序民主，在公众广泛的公共讨论和协商的过程中，若没有公正和合法的程序，很难找到反映合法利益与合理要求的“最大公约数”，也难以达到协商共治的目的。健全公正和合法的议事程序，成为大学治理现代化和发展协商民主的必然要求。

6．形成协商反馈机制

从参与者的角度看，民主协商可以分为直接参与和间接参与两个方面。直接参与即协商主体直接参与协商的过程，能够全面把握协商的内容，了解协商的结果。间接参与适用于协商主体人数众多的情况，一般由协商主体通过推荐代表参与协商，协商代表要在广泛征集民意的情况下，带着民情民意参与协商。此类情况下，建立协商反馈机制就显得非常必要。如教职工代表大学、学生代表大会、工会代表大会等都是由代表参与协商，代表不仅在事前要广泛听取意见，更要在事后将协商结果从全局的角度对所代表的协商主体进行反馈和解释，对协商形成的决策决议进行解读，让广大协商主体能够理解协商结果的内涵，并按照决策决议的内容无条件地拥护和执行。如果缺少了协商反馈机制，广大协商参与主体就不可能全面理解协商的结果，造成“假民主”的误解和偏见，往往在决策决议执行过程中造成抵触情绪和行为，影响执行的效率和效果。因此，建立协商反馈机制非常必要。

三、文化善治—基于人的视角

党的十九大报告指出：“文化是一个国家、一个民族的灵魂。文化兴国运兴，文化强民族强。没有高度的文化自信，没有文化的繁荣兴盛，就没有中华民族伟大复兴。”文化既是国家民族发展过程中形成的积淀，也是国家民族持续发展的根基，同时，文化也为善治境界的形成提供了滋养。善治之“善”至少包含两个层次，即“善于治”和“以善治”，二者的目的都在于以治成善。文化善治就是在文化积淀的基础上，通过良好的道德文化、制度文化等治理手段以达到“善治”的境界。

（一）文化善治的基础

文化善治的根本在于人，培养良好的道德素质、制定向善的规章制度、自觉遵守制度等都需要依靠“人”。为此，突出以文化人、坚持立德树人、培养出彩新人是文化善治的基础。

1. 突出以文化人

所谓以文化人，就是强调文化对于人的教化作用，根本目的在于育人，重点是强调“以什么育人、怎么样育人、育什么样的人”的问题，具体来讲，就是以

“文”育人、以文“化”人和文以化“人”的统一，就是用文化的理念、文化的内容和文化的方法培育全面发展的人。以文化人是通过隐性、柔性、渗透、体验等方式将受教育者置于文化的包围之中，使受教育者成为文化育人的主体，淡化受教育者对灌输式教育活动的抵触和排斥，通过潜移默化、循序渐进、润物无声的方式浸润人、感染人、熏陶人，从而达到入芝兰之室久而自芳的育人效果。

“文”是育人的核心内容。以文化人的“文”具有鲜明的时代性。在当代中国，要用什么样的“文”来化人呢？“在当代中国，'化人'之'文'必须以马克思主义为指导，来保证'文'的方向；必须以社会主义核心价值观为灵魂，来滋养'文'的生命；必须以中华优秀传统文化为命脉，来传承'文'的基因；必须以其他民族的一切优秀文化为借鉴，来丰富'文'的涵养。”这其中，最重要的化人之“文”就是中国特色社会主义文化。中国特色社会主义文化，源自中华民族五千多年文明历史所孕育的中华优秀传统文化，熔铸于中国共产党领导人民在革命、建设、改革中创造的革命文化和社会主义先进文化，根植于中国特色社会主义伟大实践，是当代中国的主流文化。特别要坚持中国传统的“文以载道”思想，以文化背后所体现的社会主义核心价值观来化人、育人。

“化”是育人的基本方法。以文化人的“化”是育人的路径和基本方法，文化兼具无形性、渗透性、持久性、多样性和体验性等特点，通过文化的载体和方式化人、育人，既容易为“化”的对象即受教育者所参与、所接受，调动其主体意识，又能够发挥文化的价值认同、行为导向、情感激励、心灵陶冶等功能，滋养心灵、涵育德行、引领时尚，实现化人的目的。

2．坚持立德树人

“立德树人”中的“德”最早出现在中国的国学经典著作《道德经》里面。《道德经》第三十八章：“上德不德，是以有德；下德不失德，是以无德。”这句话可以和出自《道德经》的被引用最多的“上善若水”来一起理解。上善也就是最好的真善，像水一样，润物细无声，帮助人却不让人察觉到。上德，最好的德也一样，因势利导学生却让学生觉察不到，不显示，不张扬。如果你把给别人的益处、给别人的资助、给别人的培训看作是自己给别人的恩惠，这实际上是没有德的，也就是“下德不失德，是以无德”。习近平总书记在全国教育大会的重要讲话中再次强调了立德树人是新时代中国特色社会主义教育事业的根本任务。只有把握立德树人的本质内涵，才能真正回答培养什么人、怎样培养人、为谁培养人这一教育事业的根本问题。立德树人，就是要求培养德才兼备、德智体美劳全面发展的人。实现人的全面发展是马克思主义的基本立场，也是社会主义教育的根本目标。激烈的国际竞争和技术创新决定了人才培养的极端重要性，人才是创新的关键，是发展的第一资源。国家发展需要的人才不仅要求具备丰富的知识、优秀的技能，更需要拥有坚定的理想信念、高尚的道德修养、健康的人格品质。

3. 培养出彩新人

在第十二届全国人大一次会议闭幕会上的讲话中，国家主席习近平提出，要让全体中国人民“共同享有人生出彩的机会，共同享有梦想成真的机会，共同享有同祖国和时代一起成长与进步的机会”。人人皆可成才，人人都有出彩机会。“职业教育是国民教育体系和人力资源开发的重要组成部分，是广大青年打开通往成功成才大门的重要途径”，习总书记的这一重要指示，既描述了职业教育独特的地位和作用，也为我们打开了认识职业教育地位和作用的思路和眼界。近年来，我国职业教育不断创新观念，为学生多样化选择、多路径成才搭建立交桥，努力让每个人都有人生出彩的机会。培育出彩新人，需要坚持守正创新。守正，就是守正道、守根本、守底线，把统一思想、凝聚力量作为宣传思想工作的中心环节，引导人们与党同心同德、同向而行；创新，就是顺应人民对美好生活需要的新期待、接受方式的新变化，善于把大水漫灌与精准滴灌结合起来，善于用新的传播形态和教育方式，更好地解疑释惑、理顺情绪、凝聚共识，把主流价值注入每个人的心田。

（二）文化善治的路径

文化是基础，善治是目标，我们要从文化层面培养人，提高治理的成效，达到善治的境界。文化善治要以人为核心和根本，紧紧围绕传承优秀传统文化和弘扬现代企业文化两个方面深入开展。

1．传承优秀传统文化

中华文明经历了 5 000 多年历史变迁，在传承和弘扬中不断前进，始终一脉相承。中华优秀传统文化是中华民族的“根”和“魂”，积淀着中华民族最深层次的精神追求，呈现着中华民族最深刻的精神印记，代表着中华民族独特的精神标志，为中华民族生生不息、发展壮大提供了丰厚滋养，激发了中华民族强大的民族生命力、凝聚力和创造力，推动中华民族不断向前发展。

（1）注重优秀传统文化的选择

一是要审视传统文化，取其精华，去其糟粕。我国传统文化源自不同历史时期，有明显的时代特征，相对于人类进步的脚步来说，有些文化内核存在历史局限性。因此我们要对传统文化做好梳理和审视工作，将一些消极、落后的思想摒弃掉，萃取精华，真正实现对优秀传统文化的传承和弘扬。二是要挖掘优秀传统文化的思想价值，要继承优秀传统文化的精神内核，发掘传统文化的思想价值。如传统文化中的爱国主义精神、钻研精神等，帮助人们树立正确的人生观、世界观、价值观。要注重挖掘传统文化中符合当前时代发展的内容，使之真正发扬光大。三是要坚守住传统文化的基本元素。当前是世界文化大融合的阶段，东西方文化间互相交流，互相渗透。想要做好优秀传统文化的传承，就绝不能自我封闭，既要海纳百川，也要守住传统文化的基本元素，让我国优秀传统文化永葆生机。

（2）注重优秀传统文化的传承

1）强化传统文化“三进”工作。加大文化宣传力度，打响文化品牌，开展创建弘扬中华优秀传统文化先进示范点活动。让优秀传统文化进企业，丰富企业发展内涵。让优秀传统文化进家庭，提升社会文化内涵。让优秀传统文化进校园，提升未成年人文明素养，培育和践行社会主义核心价值观，以孝敬父母、立志勤学、勤劳俭学、爱国爱民为主题开展系列活动，形成热爱优秀传统文化的风气，不断增强国民的自豪感和认同感。

2）营造中国传统文化的社会舆论环境。要努力拓展传统文化的舆论导向，在各种公共场所，设置标语、图片、宣传画等载体，以群众喜闻乐见的艺术形式，展示传统文化的魅力，让广大群众处处生活在传统文化的氛围中，时时接受传统文化的教育。强化对网络舆论的监督和引导，在潜移默化中不断提升国民素质，推动形成注重传统文化的社会风尚。加强对非物质文化遗产的保护和宣传，完善法规、制度措施，强化全民保护意识，培养弘扬传统文化的社会风气和良好习惯。

3)加大对优秀传统文化宣传的扶持力度。在有影响力的主流媒体上设立传统文化论坛，研究和梳理优秀传统文化的精髓，大力弘扬传统文化和传统美德，陶冶情操，凝聚人心。利用元宵、清明、中秋、重阳、端午等重要民族传统节日和人文典故进行思想教育；同时注重提升文化内涵，发扬其中蕴含的传统美德。积极扶持民间组织和单位参与传统文化教育的弘扬和宣传，鼓励和支持企业和民间资本投入传统文化中。

2. 弘扬现代企业文化

企业管理的发展经历了三个阶段：经验管理、科学管理和文化管理。文化管理是将管理植于文化中，强调在贯彻落实管理的过程中，融入文化元素，以文化来呈现企业的价值理念、未来目标等，让文化活动发展成管理的科学手段，全面展示文化色彩浓郁的管理哲学思想以及价值标准等内容，强调人性化管理方式，使之逐渐积淀成管理文化，突出文化管理的价值追寻。

（1）现代文化管理的基本特征

1）效率文化

现代企业的竞争越来越表现为人才和时间上的竞争。人才流动强度和速度越来越快，新产品的研制时间越来越紧，新产品的生命周期越来越短，而顾客不但需要产品具有良好的性价比，而且期望通过互联网得到“零”交货期或瞬时服务。这就要求企业的每一个人都要树立良好的时间观念，在管理时间上做到训练有素。

2）学习文化

人类的知识大约是以每 3 年增加一倍的速度向上提升。知识总量在以爆炸式的速度急剧增长，老知识很快过时，知识就像产品一样频繁更新换代，使企业持续运行的期限和生命周期受到最严厉的挑战。据初步统计，世界上 IT 企业的平均寿命大约为 5 年，尤其是那些业务量快速增加和急功近利的企业，如果只顾及眼前的利益，不注意员工的培训学习和知识更新，就会导致整个企业机制和功能老化。IBM，HP，Cisco 和联想、TCL 等企业成功的经验表明：培训和学习是企业强化“内功”和发展的主要原动力。只有有目的、有组织、有计划地培养企业每一位员工的学习和知识更新能力，不断调整整个企业人才的知识结构，才能对付这样的挑战。

3）创新文化

创新文化就是要让企业的每一位员工都深刻理解企业在激烈的市场竞争中“人无我有，人有我优，人优我转”的理念和“穷则变，变则通，通则久”的游戏规则。从制订企业中长期发展战略、市场定位、年度营销计划、人力资源规划到具体实施的每一个环节都要有创新意识，制订和选择多套应变方案。因为新经济的特征之一就是创意经济，根据客户和市场的需求在产品、技术和服务上不断创新是现代企业的生存发展之道。

4）虚拟文化

新经济的主要特征之一就是在企业的各种资源中，无形资产所占的比例越来越大于有形资产。虚拟文化可被理解为通过技术监督局、专利局、互联网和其他媒体使无形资产增值的人文环境，例如企业的知识产权、专利、网页和广告宣传等。虚拟文化使得企业的运作具有法律保障和灵活、柔性、合作、共享、快速反应、高效输出等特点，并为企业带来大量的有形资产。

5）融合文化

社会化大生产中，分工越来越细，任何企业都不能独善其身。企业必须不断融合多元文化，这种融合多元文化、合作文化和共享文化的集合，使企业能够突破看似有限的市场空间和社会结构，实现优势互补的资源重组，做到“双赢”乃至“多赢”。

（2）弘扬现代企业文化的路径

一是要将现代企业文化中优胜劣汰的竞争意识引入治理过程中，在选人用人时，能者上、庸者下；在协商过程中，坚持少数服从多数的原则；在绩效考核时，根据贡献拉开收入差距等。这些都是现代企业文化的体现。二是要吸收现代企业文化中的制度文化，开展制度文化建设。现代企业管理以质量为核心，以服务对象为中心，在治理过程中，要将治理成效、善治境界作为治理的目标，以治理结果为导向，以治理满意度为中心，建立和优化治理制度，形成良好的治理制度文化。三是要吸收现代企业文化中的学习文化，注重学习型团队、学习型组织的建设，以新知识、新技术、新方法改进和优化治理体系。四是要吸收现代企业文化的创新文化，创新是发展的不竭动力。治理结构、治理方法、治理制度等都需要创新，需要在治理过程中不断优化，以逐步达到善治的目标。

第六章　高职院校治理能力提升的标准和路径

第一节　高职院校治理能力提升的标准

随着职业教育现代化进程的不断推进，职业教育改革的难点和重点，已经由改善外部环境向完善职业院校内部治理结构和建立现代职业学校制度转移。要优化高职院校治理结构，实现高职院校内部治理结构和治理能力现代化，现实路径是深化内部管理体制改革，通过综合改革在高职院校内部建立一套完整、合法、高效、制度化的治理架构。高职院校内部治理结构的改革与创新既要使其政治权力、行政权力、学术权力和民主权力科学运行与有效制衡，又要实现院系两级职权的科学配置与合理划分，降低管理重点，提高运行效率，从而保障高职院校内部治理的科学高效。有了科学的高职院校内部治理结构，才能孕育高水平的治理能力。

一、充分的办学自主权

落实已有的办学自主权规定，赋予高职院校充分的办学自主权，是建立健全高职院校治理结构的基本前提。其一，各级人大及相关部门要以推进依法行政、建设法治政府为契机，依法治教，切实贯彻落实《高等教育法》等法律对有关高校办学自主权的规定。其二，认真研究高职院校办学自主权的需求及特点，修订、完善《高等教育法》《职业教育法》等法律，赋予公立高职院校充分的办学自主权。其三，坚持高职院校法人财产权制度与法人地位相匹配的原则，实现所有权和经营权分离，研究、修订、完善《教育法》等法律，明确行使国有资产所有权的相关权能主体、非国有资产性质、国有资产和非国有资产的关系以及收益分配等问题。

在这里，要特别强调的是，地方政府及其教育行政主管部门要“强化行政服务意识，改进管理方式，完善监管机制，减少和规范对高职院校的行政审批事项，依法保障高职院校充分行使办学自主权；政府应着眼于高职院校系统内外部宏观关系的处理和高等教育事业的质量标准及发展方向的确立，而不应过多关注高职院校内部的运作和管理，政府的角色应当从“管制”走向“服务”，充分遵循高等职业教育的发展规律，不干涉高职院校的学术事务，通过提供服务和支持来促成高职院校办学目标的实现。

二、高效的党委领导下的校长负责制

1998年，我国颁布实施《高等教育法》，明确规定高等学校实行党委领导下的校长负责制。2014年10月14日，中共中央办公厅出台《关于坚持和完善普通高等学校党委领导下的校长负责制的实施意见》(以下简称《意见》)，明确指出：“高等学校党的委员会是学校的领导核心，履行党章等规定的各项职责，把握学校发展方向，决定学校重大问题，监督重大决议执行，支持校长依法独立负责地行使职权，保证以人才培养为中心的各项任务的完成，”《意见》进一步强调：高职院校“校长是学校的法定代表人，在学校党委的领导下，贯彻党的教育方针，组织实施学校党委的有关决议，行使《高等教育法》等规定的各项职权，全面负责教学、科研、行政管理工作。改革与创新高职院校内部治理结构就必须坚持党委领导下的校长负责制，进一步明确党委作为领导核心主要负责学校思想政治与重要事项决策，校长作为学校行政首脑在党委领导下独立行使行政权力，主要负责提高学校教学、科研、行政管理工作效率与水平。在改革与创新高职院校内部治理结构的进程中，为了更好地坚持与完善党委领导下的校长负责制，“一要创新领导体制，吸纳政府、行业企业等校外人士加入，适当扩大党委会人员的构成，以形成决策主体的多元化；二要加强党内民主，完善党务公开制度，探索党代表列席党委会制度，形成党委重大决策征求党代表意见的程序；三要成立辅助决策机构，在决策前后接受专家的咨询与评估；四要严格党委会的权力边界，党委会只负责学校重要事项决策，不干预具体的办学事务，学校发展规划、年度计划、年度预算审定等的执行完全交给校长；五要规范决策程序，凡属’三重一大’事项，在提交决策前，必须经过必要的民主程序，广泛听取师生的意见，确保决策的民主性。为了提高行政执行水平，应建立校长权力的约束机制和执行情况的问责机制”。

现有的《高等教育法》只规定了高校校长的权利，并没有对责任做出明确的规定，致使权责不对等，因而需要从法律层面对校长的职责做出明确的规定。由于信息不对称等因素，上级组织部门很难对校长的任期成绩进行全面有效的考核，除了违法、违纪因素外，很少有校长因为工作业绩问题而受到罢免的案例报道。因此，要完善校长年度和任期考核制度，校长应向党委会报告年度工作的总体执行情况和任期内的工作成绩，接受委员们的质询与监督。同时，要进一步建立学校办学信息公开制度，发布年度人才培养质量报告和办学工作报告，接受广大师生员工和社会的监督与评价。

三、完善的教授治学体系

我国著名教育家、浙江大学原校长竺可桢先生曾明确指出，“教授是大学的灵 魂”。作为兼具教育性与学术性的社会组织，大学“要充分发挥以教授为代表的学术委员会、教授委员会等学术团体在学校学科建设、规划制定、课程设置、招生等重大事项中的决策指导作用，也就是要坚持所谓的教授治学。对高职院校而言，教授治学是指高职院校在改革内部治理结构的过程中，传承大学精神、倡导学术自由、秉承学术传统与标准、促进学术健康发展，特别强调有学术权威与社会威望的专家、学者对高职院校教学改革、专业建设、课程设置、学术活动、产教融合、服务社会等日常教育教学和管理服务的影响力、控制力和支配力。在推进高职院校内 部治理结构改进与创新的进程中，教授治学是高职院校教师主体地位的集中表现，是遵循高职院校学术运行规律的根本要求。

坚持教授治学，就是要倡导学术自由，推崇学术自治，平衡学术与行政的关系。高校中存在两个体系：基于法律权威的行政体系和基于专业权威的教师体系。为了实现两个体系的微妙平衡，就要构建教授治学体系，强化高校治理结构的优化气高校的行政权力建立在保障学术发展的基础之上，即有了基本的学术承认， 行政权力才是合法的。当前，我国高等教育改革急需解决的主要问题之一是如何建立教授治学的制度化渠道，使学术权力回归到教授专家手中。为此，可以尝试构建纵横交错的两级教授治学体系，达到学术权力与行政权力的关系平衡。在学校层面上统合学术力量，建立教授委员会、学术委员会、教学委员会等学术组织。其中，教授委员会为学校改革、建设和发展中的重大问题和重要学术问题的咨询、审议机构；学术委员会为学术咨询、审议、评定的专门机构；教学委员会为教学研究、指导、咨询和决策机构。在二级院系层面上，成立包括企业专家在内的二级院系教授委员会，作为讨论本部门改革与发展等重大问题以及学术、教学、职称评审等事务的咨询、审议与决策机构。整个教授治学体系，越向上其专业化程度越高，拥有的学术决策权力就越大；越向下其学术决策的综合化程度越高，自治程度也就越高。

四、明确的管理体制

在一个组织中，如果责任和权力混乱，就不能维持组织的正常运转，组织目标就难以实现。组织内部的权力配置是组织系统内各子系统及成员的利益冲突和利益调整的结果（李明惠等，2009）。高职院校内部管理权限的配置，包括学校与职能部门以及学校与二级学院间的管理权限配置。这是学校在实施两级管理后能否对职能部门和二级学院实施有效管理和监控的关键。任何组织都是由职、责、权构成的统一整体。在组织管理活动中，职务、责任、权力三者互为条件，而且必须相称和平衡，管理权限的配置要遵循责权统一的原则。实行校、学院两级管理的高职院校，应明确规定校、二级学院及其所属职能部门的职责范围，授予其相应的管理权，建立起职、责、权相一致的管理体系。

二级学院是高职院校内部治理结构的基石。这是因为，二级学院既是高职院校重大决策、行政命令的具体实施者与执行者，又是高职院校面向市场竞争与开门办学的直接组织者与协调者。因此，在推进高职院校内部治理结构改革中，要不断深化二级管理，在合理界定学校与二级学院职权关系的基础上，依据高职院校章程， 充分赋予二级学院自主权，“坚持管理重心下移，形成校院系的纵向分权……基层承担着主要的教学、科研、社会服务职能，因此学校要在人、财、物等各方面给予学院充分的办学和管理自主权，充分发挥基层学术权力的作用”，不断扩大二级学院在人才培养、专业发展、教师聘用、课程改革、内部分配等日常治理过程中的充分自主权，将二级学院日益培育与打造成高职院校基层办学实体，从而促进高职院校由“传统管制型”向“现代治理型”的根本转变，以准确的市场定位、灵活的治理形式、高效的运作模式实现又好又快、更好更快的发展。事实上，为了更好地推进二级管理，实现管理重点切实“下移”，高职院校还应加强对二级学院的宏观指导与统筹协调，即把学校的教育教学、科研研究、服务社会等具体任务下放给二级学院，使其在专业建设与发展、招生计划、课程改革、教师聘任、校企合作、专业服务产业、协同创新等方面拥有更多的自主权，在进一步明确学院与系部权、责、利的基础上，建立健全二级学院内部治理运行机制，促进二级学院决策、执行、监督的一体化，从而保障学院整体内部治理结构的科学化与高效化。

学校要合理设置适应两级管理体制改革的相关职能部门。实行两级管理后，学校应与相关职能部门和二级学院加强沟通与磋商，结合相关职能部门的职责和具体工作，在充分调研和论证的基础上，优化职能部门和二级学院各自应承担的责任，进而明确职能部门应予保留和下放的权力。相关职能部门在此基础上应细化操作方案，制定办事程序。在具体的实施过程中，既要纠正职能部门权力过于集中的倾向，又要防止职能部门借两级管理重心下移推卸责任；既要纠正二级学院责大权小的状况，又要防止向二级学院过度放权；既要纠正事无巨细由学校决策的低效率运行方式，又要防止扯皮、推诿现象的发生，避免陷入“一放就乱，一收就死”的管理怪圈，从而达到明确管理职能、降低管理重心、激发办学活力的目的。

五、完善的监督体系

高职院校治理结构是决策、执行、监督结构的统一体，将决策变成现实，需要健全的执行系统，也需要务实的监督系统。高职院校治理中监督的主要目的是保障决策与执行权力的合理使用，以确保组织的绩效。因而，监督的重点是决策、执行过程及其绩效。目前，党委对学校的重大工作决策，没有部门对其科学性进行监督；以院长为首的行政系统对基层教学、科研单位进行管理和服务，也没有部门对管理和服务质量进行监督，监督的科学性难以保证。

因此首先要进行监督体制变革。监督体制是监督工作的机构设置、领导隶属关系和职权划分的体系、制度、方式和形式，监督体制变革的关键是解决监督的机构怎么设、关系怎么摆、职权怎么定三个问题。可以考虑建立高职院校质量管理委员会，由校党委委员、纪委书记兼任委员会主任，突出质量管理工作的重要性，保证学校的决策落实，避免与学校外部制度的矛盾。以校长、学术委员会主任为首的执行系统的工作可以划分为专业教学、学生教育、行政服务和后勤服务四个方面，质量管理委员会下设专业教学督导室、学生教育督导室、行政服务督导室和后勤服务督导室，分别负责对人才培养、技术创新研究工作的监督，对学生教育、管理、服务工作的监督，对行政管理、服务工作的监督，对餐饮、宿舍、物业、绿化等后勤服务工作的监督，从而实现对学校工作的全面监督。质量管理委员会接受校长的领导，依据校长办公会的决策独立开展工作，对学校负责。其次要进行监督机制重构。监督机制是监督工作的运行规则与程序。不同的学校拥有不同的规模、历史、文化和治理理念，因此高职院校的质量监督办法应根据本校实际来制定，同时应遵循监督机制建设的普适性原则。这包括：第一，过程监督与绩效监督结合。“质量是‘生产’出来的，而非检查出来的如“生产”过程的“零缺陷”是质量管理的首要目标，这就需要学校重视对过程的监督，避免和杜绝质量问题的产生；另一方面，注重过程是手段，其根本目的是获得优良的绩效，而且绩效测量、分析有助于发现和改进过程，因此，绩效监督与过程监督必须并重。第二，网络监督与现场监督结合。每一项监督都是复杂的系统性工程——信息采集、数据分析、价值判断、结果反馈；每一项监督都会涉及不同的“利益相关者”——学校领导、教师、在校学生、毕业学生、企业领导和职工。保证监督工作的秩序和本身的质量，现实而可靠的做法是网络评估与现场评估结合。借助网络平台，能及时了解和掌握工作情况，发现和改进工作中的问题，从而有效控制过程质量；现场评估以实地考察、查阅资料、深度交流为主要形式，更能准确把握相关人员的深层次思想，发现事物的深层次问题，找到更有价值的问题解决方法。第三，外部监督与内部自省结合。要在学校内部营造一种人人研究质量、及时更新质量、处处体现质量的文化氛围气质量监督要致力于塑造教职员工积极向上的质量价值观、质量道德和质量信念，推动学校各级组织内部及教师个人养成质量自省的习惯。此外，源自工商界的全面质量管理、ISO 9000 质量管理、卓越绩效质量管理方法，已被国内外高等学校质量管理实践证明是切实有效的方法，高职院校内部监督制度的建设，应研究蕴含于这些质量管理工具中的思想和技术，结合学校的实际，建立符合本校特点的质量监督模式。同时，高职院校的部分监督工作可委托社会“中介组织”来完成，以此增强监督的客观性和公正性。

六、合理的管理制度

《国家中长期教育改革和发展规划纲要(2010-2020年)》提出：“扩大社会 合作，探索建立高等院校理事会或董事会，健全社会支持和监督院校发展的长效机制。”这是对高职院校内部治理结构改革的明确导向。高职教育的跨界属性，决定了校企的紧密合作是高职教育通往成功的关键。只有校企紧密合作，产学研合作的办学模式、双主体育人的人才培养模式才能真正得以实施，而要改变当前企业对校企合作积极性不高的现状，让企业参股办学无疑是最佳选择。因此，高职院校要适时启动混合制结构改革，引入规模性企业，探索建立由企业等多方代表参与学校事务决策、监督的董事会制度和理事会制度，实现高职院校治理的科学化、法治化。建立理事会制度是改变高职院校单一的内部人员的管理模式、提高高职院校管理开放性的一条重要途径。建立理事会，可以加强学校与社会的互动，建立社会 监督与支持学校发展的长效机制。在现有的高校领导体制和法律框架下，为减少改革阻力，理事会应首先定位于党政的辅助决策机构，主要为高职院校发展规划重要政策的出台、重大改革项目的开展提供咨询和论证意见。理事会的成员包括高职院校党委委员、举办方和主管部门、所在地政府、行业组织、重要合作单位、校友、教职工代表等，其成员主要（至少半数以上）来自外部。在理事会运作稳定后，逐渐增加理事的决策功能，特别是涉及高职院校办学定位、发展规划乃至院长任命等方面的决策和建议。在条件成熟的情况下，可以将理事会转变为高职院校的领导与决策机构。

七、健康的治理文化

大学文化代表一所高校的精神风貌，是高校在长期发展过程中所形成的一种共识，也是一种隐形的制度。在高职院校内部建立良好的治理文化，有助于治理活动的有序开展。高职院校内部一旦形成稳定的治理结构，对外具有封闭特性，对治理过程和治理效果将产生至关重要的影响。在高职院校内部治理过程中，要注重发挥治理文化的整合效应，通过文化制度的软约束，形成兼容并包的开放性的治理共识和治理价值认同。高职院校治理文化体系建设要科学融入合作治理、分类治理以及开放治理等治理思维和治理理念，提升治理主体的公共情怀，通过制度建设来平衡利益相关者的合理诉求。同时，注重培育具有高职院校发展特色的内部治理文化，发挥大学文化对利益主体的凝聚、导向、激励、调适等功能，形成尊重知识、崇尚学术的文化氛围，推动高职院校治理现代化。在推进高职院校治理结构改革的同时，还要构建与之相匹配的文化价值体系，为增强高职院校治理能力提供制度文化保障，为此要做到以下三点：第一，要将“以人为本”的理念贯穿于高职院校治理文化建设的始终。现代职业院校治理结构建立在法治的基础上，高职院校治理要切实维护利益相关者的合法权益。第二，建设优良的校园文化，为治理能力现代化注入活力。优良的校园文化是一种无形的潜在力量，以独特的魅力影响和感染每一位教师和学生；优秀的校园文化会内化成师生共同的事业目标、精神品格和道德追求，为学校发展和治理能力的现代化注入活力。要对校园进行科学规划，合理布局，逐步营造优美、安静的校园环境，提高校园文化品位。要完善以学生为主体的社团文化活动模式，发挥第二课堂的育人功能，让学生在参加社团文化活动中实现自我教育和培养，在实践中提高服务社会的能力。要加强和改进思想政治工作，以社会主义核心价值观引领校园文化建设，深入开展中国特色社会主义和“中国梦”宣传教育，引导师生员工坚持正确的政治方向。要积极吸收现代优秀企业文化，以提升高职院校治理的自主性和社会性。现代优秀企业都倡导民主法治、合作创新、追求卓越、以责任为本的文化观和企业治理观。这些文化特点既是高职院校在人才培养过程中着力打造的人才素质的重要组成部分，也是高职院校内部治理的品质追求。只有将优秀企业文化与高职院校文化进行有机融合，才能为更好地实现高职院校的有效治理提供合适的环境和土壤。第三，要秉承高职院校的办学传统与理念，凝练具有现代职业发展特色的治理理念、办学定位和治理目标，确立高职院校利益相关主体的共同治理愿景，以使命和价值观为指导，通过完善大学章程来规范高职院校内部权力运行方式，激励人们为实现高职教育治理现代化的目标而共同奋斗。

第二节　高职院校治理能力提升的路径

高职院校由“管理”转变为“治理”，不仅仅是一个概念上的区别，更是行动上的转变。管理是一元主体、自上而下的，治理则强调多元主体协调合作，强调过程的民主性与科学性。

通过国家治理体系与治理能力现代化构建高职院校治理能力的理论框架，针对上文高职院校治理能力的现状和存在不足的分析，笔者认为高职院校治理能力可以经由以下路径获得提升。

一、多元治理主体协同深度参与高职院校治理

（一）以理事会制度协调外部治理主体参与高职院校治理

针对高职院校外部治理主体在高职院校治理中的诸多问题，具体有政府的“越位”或“缺位”，行业、企业参与机制不够健全，以及董事会或理事会制度流于形式。为使政府、行业、企业等这些重要的外部治理主体共同参与到高职院校的治理过程中来，高职院校可以以理事会制度为切入点。目前大多数高职院校已经建立了理事会制度，只不过还没有发挥其应有的效力。高职院校可继续完善理事会配套的制度体系，吸纳地方政府、行业组织、企业、专家等构建“政行校企”共同体，结合地方经济特色、产业发展趋势、企业人才需求、学校发展实际，为高职院校提供咨询、指导、评价、监督等方面的服务，提升高职院校的治理能力。

（二）形成“党委领导、校长负责、专家治学、民主监督”的内部治理结构

高职院校内部治理主体主要有代表政治权力的党委、代表行政权力的校长、代表学术权力的教授和专家，以及代表民主权力的教职工、学生。协调这四个治理主体之间的关系，可以从以下几个方面着手。

（1）针对高职院校中政治权力与行政权力相互掣肘的问题，贯彻落实“党委领导下的校长负责制”这一基本制度。党委引导学校的发展方向，参与学校重大事务的决策；校长责全面负责学校的行政管理工作。除了在学校章程中规定两者的职权，还需制定配套的实施细则，保障两者在高职院校治理中协调合作。

（2）提高学术委员会、专业建设指导委员会、教学指导委员会等学术组织在高职院校学术事务中的治理主体地位。绝大多数高职院校已经设立了学术委员会，制定了《学术委员会章程》等。而高职院校作为职业教育的组成部分，专业建设和教学改革对于其提高人才培养质量更为重要，高职院校可设立专业建设指导委员会和教学指导委员会，并制定配套的制度，共同参与到

学校的学术事务治理中来。此外，高职院校的学术组织可以邀请来自行业、企业的技术专家、管理者等作为其成员。对于高职院校来说，不管是科研、专业建设还是教学改革，都必须适应社会经济的发展、行业的发展趋势、企业的人才需求等，因此，高职院校切不可过分注重“学理”的研究，更应该关注“技术”的研究。

（3）针对教职工、学生等无法参与高职院校民主管理与监督的问题，必须坚持教职工代表大会制度和学生代表大会制度。教代会是高职院校的基本制度，高职院校还设立工会作为其常设机构，在教代会闭会期间，由工会管理其相关事务。教代会在高职院校中的作用是党委会和校务会所不能取代的，它是保障教职工参与学校治理的重要方式。高职院校要定期召开教代会，在学校党委会和校长办公室会做一些重大决策时，要询问教职工代表的意见与看法，充分发挥教职工群体参与高职院校治理的作用。学生群体则以学生代表大会的形式参与高职院校的治理，与教代会一样，学代会是学生依法参与高职院校治理的重要方式，但学生更多是高职院校治理的民主监督群体。除学代会外，高职院校还可以建立一些其他的平台与渠道，如“倾听口”“学生申诉制度”等，尽可能地保障学生有平台、有渠道为学校各项事务提出建议与意见。以上种种措施，都是为了使高职院校的治理更加民主化、科学化。

二、完善以章程为核心的治理制度体系，实现“依法治校”

“依法治校”不仅是高职院校办学的必然要求，也是高等职业教育未来的发展方向。健全的治理制度体系，是高职院校实施制度化、法治化和规范化办学的核心，也是提升高职院校治理能力的基础。

（一）建设特色化的高职院校章程，加强章程实施

高职院校章程是高职院校治理的根本，是高职院校一切工作的行动指南。章程是高职院校治理的“基本法”，为高职院校其他各项规章制度的制定提供了基本依据，为高职院校的治理行为提供了法治基础。可以说，加强

高职院校章程建设，可以使高职院校达到“善治”的目标，有效推动现代大学制度的完善。

前文对部分高职院校章程的分析，发现高职院校的章程缺乏特色。针对这个问题，高职院校的章程不仅要凸显高等教育的规律和高等院校的一般要求，还要结合学校所属职业领域的特点，充分体现高职院校的职业性与应用性。同时，由于各高职院校的办学定位、区域特点和办学条件都有所不同，因此在章程制定过程中必须要依据地方政府的经济社会发展现状、产业优势、学校的专业特色等实际情况，制定特色化的学校章程，更好地为学校发展奠定基础。

另外，为破解高职院校章程建设过程中重制定、轻执行的问题，高职院校需要深化对章程建设的理解，这是一个动态的、不断完善的过程，并不是单纯指章程文本的制定。还要深入贯彻落实学校的章程，针对章程实施过程中出现的问题，定期对学校章程进行修订，并提交所属省份教育部门核准。以此不断完善高职院校的章程建设，为高职院校治理能力的提升打好基础。

（二）建设全面、可操作的高职院校内部管理规章制度

高职院校内部管理规章制度是对学校章程的延伸，要具备全面性、可操作性等特点，可以使学校章程在高职院校治理中贯彻落实。在高职院校内部管理规章制度体系的建设方面，可从以下两个方面着手。

一方面，高职院校在制定内部治理制度时不仅要追求全面，更要追求质量。这个质量是指针对某一项制度，要全面考量学校的各种因素，确保这项制度是可以在高职院校的治理中实施的。督促学校各职能部门按照学校章程，对自己部门内的各项规章制度逐一梳理，及时废止、修订，根据学校的实际情况制定新的规章制度。

另一方面，建立健全关于高职院校治理的考核评价制度和激励制度。包括保障各治理主体参与高职院校治理的激励制度，充分调动行业、企业、教职工、学生等这些参与程度不高的治理主体的积极性，保障他们的权益。还要制定关于高职院校治理的考核评价制度，例如教师绩效的考核与评价、校企合作成效的考核与评价、专业建设的考核与评价等。

三、调整组织机构设置，提升运行机制效率

（一）继续完善“校—院”两级管理体制

“校—院”两级管理体制在我国高职院中已经基本建立，未来还需进一步完善。针对前文关于高职院校“校—院”两级治理机制存在的不足之处，可从以下两个方面对其进行完善。

一方面，合理分配学校及二级学院之间的职能分配，将治理重心下移，保障二级学院的管理自主权。高职院校厘清学校与二级学院的职责与权力边界，学校层面以统筹规划、宏观决策为主，将人才培养、专业建设、教学改革、学生管理、财务管理等方面的管理权下放至二级学院。尤其是教师评聘、奖惩制度、学生管理这些能够激发教职工和学生参与学校治理积极性，由二级学院结合自己的学院实际情况、专业特色等自主进行管理。

另一方面，高职院校要建立配套的保障措施，比如对于人事管理、学生管理、教学管理等制定具体的制度，保障二级学院的管理自主权，真正形成“校—院”两级管理机制。另外，要注意加强过程监管，实施目标管理办法、责任清单制等，注重对二级学院管理成效的评价与监督，沿着学校正确的发展方向前进。

（二）构建科学、民主的高职院校议事决策机制

高职院校的事务决策是内部执行机制的开端，决策者涉及高职院校多方治理主体，决策的方式要求科学化、民主化。基于以上条件，高职院校的议事决策机制可以从以下两个方面完善。

从决策者来看，高职院校的事务决策者主要有党委、校长、教授与专家、教职工、学生等。首先建立党委领导下的校长负责制的实施细则，是党委与校长在学校事务决策方面分工协作、互相配合，避免党委统领一切决策权。其次，要健全学术委员会的具体议事规则与程序，避免行政权力与学术权力之间的失衡，保证教授、专家等够在学术事务的决策中真正起到作用，比如在科学研究、专业建设、教学改革等方面的决策。再次，高职院校要重视教职工能够参与学校的职务

决策，保证学生能够通过学代会等制度提出自己的意见与建议，这对于激发教职工、学生对于学校治理的积极性与主动性。最后，高职院校可通过校企合作部门、理事会等机构，充分吸纳行业、企业以及其他社会组织共同参与到学校事务的决策中来。

从决策方式来看，高职院校的事务决策主要通过学校层面的党委会、校长联席会、学术委员会、教职工代表大会，以及二级学院层面的党政联席会议等来进行。高职院校要针对不同的决策者与决策对象制定详细的议事规则与议事程序，保证各项决策公正性、科学性。还要广泛听取教职工、学生等民主意见，在进行制度设计、发展规划、学科设置、教学计划等决策时要广开民主管理的渠道，使广大师生可以从多种途径发表自己的意见和建议。

（三）精简组织机构，提升内部执行机制效率

高职院校的内部执行机制首先要调整组织机构的设置，尽量精简，避免职能部门之间的职责交叉、管理对象相同的问题。高职院校传统的组织机构形式大多是层级的、线性的，无法适应跨部门的、柔性的合作。这就要求高职院校的组织机构能适应多元共治的需求，采用扁平化、网状式管理模式，并建立协同机制。扁平化的组织机构就是打破职能部门之间的界限，直接面向管理对象的组织机构体系。其中大部制就是一种典型的扁平化组织机构，目前在高职院校中也取得一定成效的一种内部治理形式。大部制是以整合各部门职能为线索推进机构改革，旨在充分发挥校内各委员会或工作领导小组的作用。相比于传统的科层式的组织机构体系，大部制减少了中间管理层，精简了组织机构的数量，提高了内部执行的效率，同时也提高了组织的灵活性，增强组织应变突发事件的能力。未来实现大部制的院校也可按照扁平化管理模式，重新进行部门设计和职能定位。

（四）优化“大数据+”信息化管理平台

互联网、云计算、大数据为新技术的快速发展，影响了各行各业传统的工作模式。在教育领域，从教学过程到学校管理，都因为这些技术发生了翻天覆地的

变化。因此，高职院校在治理方式选择上要紧密与技术进步方向相结合，与互联网信息技术相对接，提高其治理能力。

高职院校要加快建设“大数据+”信息化管理平台。信息化管理平台使信息传递更为直接、快速，减少或消除人为操纵因素，信息传递更加高效与准确，实现精细化管理的治理目标。同时，可以使得各部门之间相互信息传递协同管理更加紧密无缝，责任落实更加清晰可见，为院校共同治理提供重要保障。需要注意的是，高职院校应该加强全校整体的信息化管理平台的建设，而不只是将关注点都放在学生实习实训的信息化管理平台的建设方面。

此外，高职院校要重视学校管理过程中产生的数据，这也是信息化管理平台的一个重要优势，传统的管理模式形成的大多是纸质版的资料，不但难以保存，而且这些资料被再次利用的可能性也不大。我们可以通过信息化管理平台便捷有效地对其产生的大量数据进行分析与加工，挖掘数据背后的意义，为高职院校未来的治理改革提供有效的参考。

未来，高职院校治理将是“网络化治理”“大数据治理”“云治理”共存的治理新格局，实现学校治理从“封闭”走向“开放”的转变，将会极大地提升高职院校的治理能力。

四、构建完善的监督保障机制

高职院校治理能力的提升离不开有效的监督保障机制，可以从内部监督保障机制和外部监督保障机制两方面进行完善。

在高职院校内部，可通过以下几个方面加强民主监督。第一，制定高职院校内部各项监督机制，如学院的纪律检查委员会、教代会、学代会等。明确各监督组织的职责，相互配合，共同提高监督组织的效果。第二，拓展教职工、学生的监督渠道，比如学校及二级学院的工会、学生申诉委员会等，使教职工、学生有平台去提出自己对于学校治理的意见与建议。第三，高职院校要贯彻落实校务公开制度。通过多种渠道及时向广大师生公开学校的章程、内部管理规章制度、学校新闻、评奖评优、教师职称评聘等一系列的需要公开的信息，比如学校官网、信息公告栏等。要保障教职工、学生对学校重要事务的知情权，激发他们主动参与监督院校治理的积极性。

在外部监督保障机制方面，要发挥政府、行业、企业以及其他社会组织对高职院校的治理进行监督与评价。第一，要发挥政府的教育督导作用。比如在推进高职院校章程建设的工作上，地方政府的教育主管部门可以定期检查其章程的制定及执行情况，并对其做出评价，以此来推动高职院校的治理。第二，高职院校要贯彻实施信息公开制度，及时向社会公开办学信息、年度人才培养质量报告等，接受来自教职工、学生、家长、校友等社会各界的监督。第三，发挥社会第三方评价机制的作用。在学校自我评价的基础上，结合第三方社会组织的评价，对人才培养质量、教学质量等方面进行客观、真实的评价。高职院校应该根据评价结果明确自身的优势与不足，有针对性地采取纠正和调整措施，形成评价与实施的良性循环，从而提升治理能力。

参 考 文 献

[1] 陈发军．复杂性理论视角下高职院校治理结构改革策略[J]．中国职业技术教育，2018（21）：17-21．

[2] 陈世伟，俞荣建．“双一流”建设背景下地方高校内部治理体系和治理能力现代化研究[J]．黑龙江高教研究，2019（2）：12-15．

[3] 陈寿根．推进高职院校内部治理现代化的关键点[J]．教育发展研究，2018（5）：3．

[4] 佛朝晖．高职校院两级管理动因、模式与改进策略——基于 110 所高职院校的调研[J]．国家教育行政学院学报，2019（5）：79-88．

[5] 高小平．国家治理体系与治理能力现代化的实现路径[J]．中国行政管理，2014（1）：9．

[6] 郭静．高职院校治理能力提升的现实困境与优化路径——基于 73 所高职院校的实证研究[J]．国家教育行政学院学报，2016（6）：38-43，49．

[7] 海力思．新时代国家治理体系与治理能力现代化的内涵、特征与路径[J]．党史博采（下），2019（3）：33-34，58．

[8] 何文波，刘建强．高职院校治理体系与治理能力现代化建设的思考—以湖南省为例[J]．湖南社会科学，2019（3）：173-177．

[9] 蓝洁．职业教育治理体系与治理能力现代化的框架[J]．教育与职业，2014（23）：7-9．

[10] 李立国．什么是好的大学治理：治理的“实然”与“应然”分析[J]．华东师范大学学报（教育科学版），2019（8）：6-21．

[11] 李强．职业院校内部治理能力提升研究[J]．职教论坛，2017（10）：53-58．

[12] 林业宁．一流高职院校建设背景下的现代大学治理能力提升路径—以广州民航职业技术学院为例[J]．广东交通职业技术学院学报，2019（1）：106-109.

[13] 刘燕．高等职业教育治理结构改革的理论、价值与实践路向[J]．教育与职业，2016，（13）：13-17.

[14] 柳燕．我国高职院校治理结构评价体系探究[J]．中国职业技术教育，2016（9）：84-87.

[15] 陆启光．国外高职院校内部治理特点及启示[J]．职教论坛，2016（1）：89-93.

[16] 陆茜．“互联网+”与“大数据×”：新时代国家治理能力现代化的战略引擎[J]．领导科学，2019（8）：40-43.

[17] 买琳燕．美国社区学院治理结构的演变与启示[J]．职教论坛，2017（25）：81-86.

[18] 潘姿曲，祁占勇．改革开放四十年职业院校治理结构沿革、特点与展望[J]．教育与职业，2018（13）：48-53.

[19] 雷世平，姜群英．高职院校治理能力现代化的内涵及其衡量标准[J]．职教论坛，2015（31）：43-47.

[20] 孙翠香．职业教育治理：内涵构建及推进路径[Jl．职教论坛，2017（22）：24-31.

[21] 孙晓庆．基于国际比较视野的高职院校治理结构研究[J]．职教论坛，2015（23）：49-52.

[22] 孙长坪．高职院校治理能力建设的运行机制建设路径[J]．教育理论与实践，2019（15）：26-28.

[23] 谭寒．建设落实大学章程与推进高校治理体系治理能力现代化[J]．中国轻工教育，2018（3）：19-23.

[24] 王海莹，张军凤．高职院校章程建设特质探究：基于章程文本分析[J]．职业技术教育，2018（36）：43-47.

[25] 吴传毅. 国家治理体系治理能力现代化：目标指向、使命担当、战略举措[J]. 行政管理改革，2019（11）：1-7.

[26] 吴万友，文沛先，陈模. 党政联席会议制度下优化高校二级学院内部治理结构研究[J]. 工业和信息化教育，2018（10）：93-98.

[27] 肖凤翔，肖艳婷. 高职院校治理之维：研究综述及展望[J]. 职教论坛，2018（5）：13-18.

[28] 肖凤翔，肖艳婷. 章程视野下的高等职业院校治理：困局、归因及改进思路[J]. 中国职业技术教育，2018（12）：43-49.

[29] 邢晖，邹琦姝，王维峰. 高职院校内部治理结构现状及优化研究[J]. 国家教育行政学院学报，2019（2）：33-41.

[30] 徐飞. 职业教育治理体系现代化：构成框架与实现路径[J]. 职教论坛，2018（4）：141-147.

[31] 徐桂庭. 关于职业学校治理体系与治理能力建设的若干思考[J]. 中国职业技术教育，2014（21）：180-184.

[32] 徐国庆. 高职院校章程建设问题研究[J]. 当代教育实践与教学研究，2018（6）：190-191.

[33] 许跃. 依法治校视角下高职院校治理能力探析[J]. 教育与职业，2019（6）：33-37.

[34] 杨婷婷. 高职院校在治理体系和治理能力建设中存在的教育管理问题及改进策略[J]. 教育与职业，2018（4）：39-42

[35] 杨婷婷. 高职院校在治理体系和治理能力建设中存在的教育管理问题及改进策略[J]. 教育与职业，2018（4）：39-42.

[36] 俞可平. 衡量国家治理体系现代化的基本标准[N]. 北京日报，2013-12-09.

[37] 张晶晶，郭晨. 中德职业教育治理结构比较研究——基于校企合作育人的视角[J]. 中国职业技术教育，2018（21）：46-52.

[38] 赵锋. 一流高职院校治理能力提升策略探析——基于权变理论视角

[J]．职业技术教育，2016（16）：19-23．

[39] 赵晓妮．高职院校内部治理结构的内涵、实践迷思及变革趋向[J]．教育与职业，2016，（12）：14-18．

[40] 赵月月，罗尧成，肖纲领．基于协同学理论的高职院校治理组织运行研究[J]．教育与职业，2019（3）：22-27．

[41] 周萍，宋建军．高职院校优化内部治理结构的研究[J]．中国职业技术教育，2016（11）：73-76．

[42] 柳国勇，韩维．民办高校内部治理结构优化研究[J]．教育观察，2019（10）：116-118．